우리, 공부합시다

우리, 공부합시다

정현희 지음

매일경제신문사

유지를 재점검하며

올해로 40주년이 되었다. 아버지가 돌아가신 지.

서거 30주년을 기리기 위해 '우리 공부합시다'라는 제목으로 아버지, 매일경제 창업주, 회상록을 썼었는데 벌써 10년의 세월이 흘러버렸다.

10년이란 길다면 길고 짧다면 짧은 세월이다. 이 기간 동안 개인적으로나 회사적으로나 아버지와 같이하고 싶었던 순간들이 참 많았다. 당신의 손자 손녀가 결혼할 때, 증외손녀와 손자가 태어났을 때, MBN이 출범하여 자리 잡아가고 있었던 시절, 매일경제신문이 창간 50주년을 맞은 때, 한국데이터거래소KDX를 설립한 때, 그리고 삼송리 개발 프로젝트가 성공리에 잘 마무리되고 있는 때.

그리고 당연히 아버지와 의논하고 싶었던 순간도 있었다. 종이 신문에서 디지털로의 대변혁에 대한 대응 방안, 암흑같이 불투명한 미래에 대한 대비 문제, MBN 자금 조달 때문에 어려움을 겪었던 일, MBN 종합편성권을 따기 전까지 가슴 졸였던 일, 그리고 MBN 현안 문제로 가슴 아팠던 일 등등….

요즈음은 정말 아버지의 지혜가 아쉽다. 지혜가 아쉽다 못해 그립기까지 하다. 조용히 마음을 가라앉혀 아버지였으면 어떻게 했을까 하는 생각을 해본다. 먼저 아버지가 "위기를 위기로 여기면 안 되고 기회로 삼아야 한다"고 나에게 강조하던 모습이 눈에 선하다.

"위기를 기회로 삼기 위해서는 남의 탓을 하기 전에 자신을 반조해 봐야 한다. 남의 탓을 하면 발전할 수 없다. 반성하고 잘못된 것이 있으면 바로잡으려고 노력해야 도약할 수 있다! 알겠니, 알겠어?"

내가 힘들어 할 때마다 아버지가 내게 한 말씀이다. 사실 그때는 그런 말씀이 마음에 다가오지 않아 시큰둥했었다. 심지어 속으로 아버지는 자기 생각을 강요하는 사람이라고까지 생각했었다. 아버지는 나의 이런 태도에 별말씀 없이 가만히 계셨다. 안 좋은 표정으로. 지금 생각해 보면 '너도 크면 알게 될 거야' 했던 것 아니었을까 싶다. 부끄럽다. 60살이 훌쩍 넘은 나이에야 아버지의 심정을 헤아릴 수 있으니 말이다.

과거와 현재에 안주하지 않고 항상 미래를 향해 도전하던 아버지의 모습도 떠오른다. 그리고 아버지는 도전정신으로 신문기자에서 신문사 창업주가 되었다. 그리고 가정주부들이 주식을 사는 시대를 꿈꿨다. "우리나라가 잘살게 되면 그런 날이 올 것이다"라고 믿고 오랫동안 주부대학을 개최했다.

요즈음 남녀노소 누구나 주식을 사고파는 것을 보면 아버지의 꿈이 실현되었구나 하는 생각에 감회가 새롭다. 그리고 아버지의 예지력에 놀란다. 앞으로 나는 어떤 시대를 꿈꾸며 도전해야 할까 하는 사명감 같은 것도 느껴진다.

유난스러울 정도로 현장을 중시했던 아버지의 모습도 눈에 그려진다. 회사에서 어떤 부서에 문제가 생기면 아예 그 부서로 출근해버린 아버지다. 약간 엽기적이기는 하지만 이것이 아버지의 문제 대응 방식이었다.

이제 회사 내에서도 아버지의 얼굴을 본 사람은 거의 없다.

혹은 개인사정으로 회사를 그만두거나 혹은 정년이 되어 은퇴를 했다. 어떤 이유든, 회사 내 어떤 식구든 간에 떠나보낼 때는 끝까지 함께하지 못한 아쉬움이 남는다.

이런저런 생각을 하는 동안 내가, 아니 우리가 그동안 얼마나 창업주의 정신으로 살았는지 점검해 보고 싶었다.

돌이켜 보면, 큰 틀에서 볼 때 아버지 정신을 계승해 가고 있다는 것은 의심할 여지가 없다. 아버지의 정신을 바탕으로 장대환 회장의 리더십과 함께 회사 임직원 모두 열심히 해준 덕분에 매경미디어그룹이 많은 성장을 이룰 수 있었다는 것을 부정할 수 없지 않은가? 그렇지만 규모가 커지다 보니 아버지께서 세심하게 신경 쓰셨던 부분이 퇴색된 면도 있었다는 것 또한 인정하지 않을 수 없다.

그동안 주위에서 매경미디어그룹의 미래를 위해서 아버지의 정신이 계승되어야 하고 많은 사람들에게 전파되었으면 좋겠다는 분들이 많았다. 아버지의 정신이 더 널리 알려지지 않은 것에 대해 안타까워하는 분들도 꽤 있었다. 그런 말을 들었을 때 관심을 가져 주는 것 자체로만 고맙다고 여겼을 뿐 어떤 조치를 취해야겠다는 생각은 해보지 못했다.

사실 나는 내가 아버지의 정신으로 살고, 우리 아이들에게 아버지의 정신을 심어 주는 것이 나의 역할인 줄 알았다. 더군 다나 아버지의 정신을 알려야 한다는 사명감 같은 것은 더욱더 없었다. 그건 이사장이었던 어머니의 몫이라고만 생각했었다.

얼마 전 아는 교수를 만났는데 회사에 창업주인 아버지의 스토리가 있는 것을 부러워했다. 스토리가 있는 회사가 번창하 더라는 것이다. 그런데 왜 이사장이라는 사람이 그 스토리를 알리려고 하지 않느냐고 내게 되물었다. 나는 그 말에 한 대 얻 어맞은 것 같았다. 이제 어떤 누구보다도 내가 해야만 하는 일 이라는 것을 처음으로 인식하게 되었다. 어머니가 이사장 자 리를 넘겨준 지 5년이 넘었는데 왜 그런 생각을 안 했는지 모 르겠다. 얼굴이 화끈거린다. 아버지가 타성에 젖으면 안 된다 고…, 문제의식을 가져야 한다고 늘 말씀했는데….

당장 실행에 옮겼다. 출판사에 내 의견을 비쳤다. 아버지의 정신을 알리고 싶다고. 처음에는 기존 책을 인쇄해서 보급하려 고 했었다. 그런데 출판사에서 책이 나온 지 10년이나 지났으 니 기존 책을 그대로 출간하는 것보다 개정판을 내는 것이 더 나을 것 같다고 조언을 해 주었다. 생각을 해보니 아버지가 돌 아가신 지 40년이나 되었다. 40주기 기념으로 개정판을 내는 것도 나쁘지 않을 것 같았다.

《우리, 공부합시다》는 아버지의 회고록이기 때문에 사실 내용을 변경할 부분이 많지는 않다. 10년 동안 매경그룹이 해온 일들과 당면 문제를 간략하게 첨부했을 뿐이다. 그렇기 때문에 내용이 별로 바뀐 것이 없는데 개정판이 나왔다고 혹자는 의아하게 생각할지도 모른다. 또 혹자는 AI 시대에 케케묵은, 그것도 지금 살아 있지도 않은 사람을 다시 끄집어내는 것은 생뚱맞은 일이라고 생각할지도 모르겠다. 그렇지만 나는 아버지의 정신이 결코 시대에 뒤떨어졌다고 여기지 않는다. 60년 전에 이미 정보화 사회를 내다보고 준비했고, 선택의 중요성을 강조했다는 것만으로도 충분히 SNS 시대에 걸맞은 정신이라고 자신 있게 말할 수 있다. 그리고 서로 이해관계에 얽혀 분열되어 가고 있는 이 시대에 아버지의 인본 정신은 우리에게 큰 울림을 줄 수 있을 것이라는 것을 의심치 않는다.

책 제목인 '우리, 공부합시다'에 대해서는 책이 나올 때부터 갑론을박이 많았다. 내용은 좋은데 책 제목이 어렵다고 지적하는 분들도 있었고, 아버지 정신에 딱 맞는 제목이라고 좋아하는 분들도 계셨다.

아무리 생각해도 '우리, 공부합시다'만큼 아버지 정신에 부합되는 것이 없는 것 같아 제목은 그대로 살리기로 했다. 대신

책 제목만 봐서는 이 책의 내용이 도대체 무엇에 관한 것인지를 알 수가 없다는 의견을 참조하여 부제를 달기로 했다.

부제는 많은 사람들의 의견도 듣고 고심한 끝에 '늘 깨어 있는 참언론을 꿈꾸다'로 결정하였다. 우선 아버지의 삶은 언론인이라는 것을 빼고는 생각할 수 없기 때문에 언론인을 삽입하기로 했다. 그리고 이번에 아버지에게 공부란 무엇이었을까를 숙고해 보았다. 그런 과정에서 아버지에게 공부는 자신이 깨어 있기 위한 도구였다는 것을 확실히 알게 되었다. 공부를 통해 깨어 있을 수 있고, 동시에 자신이 처해 있는 상황을 자각할 수 있고, 궁극적으로 자신을 성장할 수 있다고 믿었다는 것을 확인할 수 있었다. 개정판이 나오기까지 많은 분들이 조언을 해 주었다. 특히 정영길 교수는 선산까지 다녀올 정도로 열정적인 행보를 해 주었다. 모두에게 감사를 드린다.

배움

배움學이란 무엇인가?

배움이란 깨닫는 것覺이다.

깨닫는 것은 무엇인가?

깨닫는 것은 잘못을 깨닫는 것覺非이다.

잘못을 깨닫는 것은 어찌 하는가?

바른 말雅言에서 깨닫는 것이다.

잘못을 깨닫고서 부끄러워하고 뉘우치고 고친다.

이것을 배움이라 한다.

-정약용, 《아언각비》 중에서

마치 계절이 바뀌면 우리의 느낌이 변하듯이 부모에 대한 생각도 나이에 따라 변하는 것 같다.

나의 어린 시절, 아버지에 대한 기억은 무서운 사람 또는 유별난 사람이었다. 아버지는 내가 잘못할 때면 호되게 꾸중하였고, 내 생각에는 하찮은 일인 것 같은데 지나치게 혼낼 때도 있었다. 아버지가 우리 집에 와서 함께 지내던 사촌 언니들에게는 덜 엄하게 대하는 것을 보고 '아버지는 날 사랑하지 않는다'고 단정 짓기도 했었다.

안타깝게도 내가 아버지의 사랑을 제대로 이해하기 시작한 것은 아버지가 타계하신 후부터였다.

아버지가 돌아가신 후, 비서로부터 내가 결혼한 다음날 아버지가 아무도 만나지 않고 하루 종일 사무실에 있었다는 말을 전해 듣고 아버지의 마음을 몰랐던 내 자신이 너무 부끄러웠다. 그리고 얼마나 서운하고 섭섭했으면 그렇게 했을까 하고 생각하니 마음이 저리기까지 했다.

아버지는 딸에 대한 애틋한 정을 겉으로 드러낸 적이 많지 않았다. 나는 '아버지에게는 항상 가정보다 회사가 먼저'라고 생각했기 때문에 아버지가 나를 떠나보내고 그렇게 쓸쓸해할 것이라곤 꿈에도 생각하지 못했다.

아버지가 안 계시는 자리를 채워야 하는 상황적 부담감, 아버지를 이어 리더가 된 남편이 혹시 짜증이라도 내면 괜히 눈치가 보여 바늘방석에 앉아 있는 것 같은 불안감, 그리고 남편이 아버지가 생명처럼 여겼던 회사를 잘 이끌고 가지 못하면 어떻게 하나 하는 초조감이 한동안 나를 괴롭혔다. 그러던 어느 날 "예수님이 우리 모든 고통을 가지고 가셨다"고 한 친구의 말이 떠올랐다. 동시에 많은 생각들이 오고갔다.

'아버지가 돌아가시면서 나의 모든 고통을 가지고 가셨구나. 그러면 아버지가 나에겐 예수님이 아닌가? 아버지께 많은 것을 받았는데 나는 바보같이 모르고 살았구나. 아버지에 대한 은혜를 갚아야 하는데…. 아버지를 영원히 살게 하는 방법은 없을까? 내가 아버지의 정신으로 살고 우리 아이들이 할아버지의 정신으로 살면, 그것이 바로 아버지를 영원히 살게 할 수 있는 것이 아니겠는가?'

이러한 이유로 나는 아이들에게 아버지의 정신을 심어주려고 했고 막힘이 있을 때마다 '아버지는 이럴 때 어떻게 하셨을까'를 생각하면서 아이들을 키웠다. 그러면서 아버지같이 기분대로 하지 않고 절제하면서 자식을 키운다는 것이 얼마나 어렵고 소중한가도 알게 되었다. 아버지께 감사하다는 말을 직접 하고 싶지만 할 수 없는 상황이 되고 말았다.

아버지의 이야기를 스스로 하려니 부끄럽기도 하고 혹 자랑하는 것처럼 들리면 어쩌나 걱정도 된다. 그러나 내가 뒤늦게 아버지에 대한 글을 쓴 배경에는 두 가지 이유가 있다.

2010년 7월 나주에 살고 있는 사촌 동생이 아버지의 고향인 노안(면)을 빛낸 인물들을 엮어 책으로 낸다면서 초본이라고 내게 원고를 보내 왔다. 그것을 보는 순간 난 내가 알고 있는 아버지에 대해 다시 써야겠다는 결심을 하게 됐다. 그게 첫 번째 이유다. 두 번째는 아버지가 살면서 보여 줬던 모습들이 이 시대를 사는 젊은이들에게 꿈과 희망을 줄 수 있을 것이라고 믿기 때문이다.

이 책은 아버지의 인간적인 면과 경영철학에 초점을 맞췄다. 회사 부분은《매경이여 영원하라》(1985년)를 토대로 했고, 《특근기자-내가 아는 정진기 사장》(1988년, 이하《특근기사》)을 참조했다. 아버지의 개인적인 부분은 기억을 되살려 썼고 모르는 부분은 어머니 이서례 여사님께 여쭈어 보충했다.

2011년 7월 한강변에서
딸, 정현희

목차

1장

모순은
나에게 있다

당신은 지위 고하를 막론하고, 사람을 존중했다.

가난한 사람, 낮은 지위에 있는 사람, 별 볼 일 없어 보이는 사람들을 먼저 배려했다.

잘못을 하면 호통을 칠 때도 있었지만 임원이나 간부들보다는

허드렛일을 하는 사람, 사환, 신입 사원들에게는 좀 더 너그러웠다.

정진기는 누구인가

"죽느냐? 사느냐? 그것이 문제로다."

셰익스피어가 쓴 《햄릿》에서 주인공 햄릿은 이렇게 말했다. 결국 사람의 일 중 가장 중요한 것은 태어나서 살다 죽는 것이다. 누구에게나 주어진 생명이 있고 정해진 수명이 있다.

나의 아버지 정진기 님은 1929년에 태어났고, 1965년 만 서른여섯의 나이로 매일경제신문사를 창립한 뒤 불꽃처럼 살다가 1981년 쉰두 살의 나이로 세상을 떠났다. 아버지가 그렇게 일찍 세상을 등진 것에 대해, 나는 딸로서 애석하게 생각하는 것이 당연할지도 모른다. 그러나 혈연관계가 아닌 많은 사람들이 40년이 지난 지금까지 그의 죽음을 안타까워하고 애석해한다. 왜? 그가 어떤 사람이기에? 그에게 무슨 매력이 있기에?

그가 매일경제신문사를 세우고, 한국 언론사에 한 획을 그었다는 사실 때문에? 물론 그럴 수도 있다. 젊은 나이로 신문사를 창업했다는 입지전적인 업적 때문에? 그것도 한 이유가 될 것이다. 할 일을 다 못하고 일찍 타계했다는 것 때문에? 그것도 맞는 말이다. 그러나 그의 죽음을 애석하게 여기는 가장 큰 이유는, 진솔하고 가슴 따뜻한 한 사람을 잃었다는 사실 때문일 것이다.

언젠가 다른 신문사의 배달 소년이 우리 집에 편지를 보냈다.

"저는 고학하며 ○○일보를 돌리고 있는 김철수라고 합니다. 매일 새벽 3시에 일어나 안암동 일대를 돌며 신문을 돌리고 있습니다. 선생님 댁에서도 신문을 보시겠지만, 혹시라도 여유가 되신다면 ○○일보를 한 부 구독해 주신다면 대단히 감사하겠습니다. 만약 신문을 보지 않고 계신다면 꼭 ○○일보를 봐 주십시오. 불쌍한 학생을 도와주신다 생각하시고 한번 읽어 봐 주십시오."

아버지는 회사에서 이미 이 신문을 보고 있었다. 그럼에도 바로 ○○일보 지국에 전화를 걸어 주문을 했다.

"내일부터 신문 넣어 주시오."

다음날 새벽에 아버지는 문 밖에 서서 배달 소년을 기다렸다. 신문 꾸러미를 옆에 끼고 "신문이오!" 하면서 뛰어 오는 소년에게 아버지는 "추운데 고생이 많지?"라고 말했다.

"네…."

"편지 잘 봤다."

아버지는 소년에게 봉투를 내밀었다.

"공부 열심히 해서 훌륭한 사람이 되거라."

소년은 어리둥절해 하며 망설였지만 아버지는 한사코 봉투를 쥐어 줬다. 소년은 머리를 숙이며 연거푸 "감사합니다"라고 말하며 서둘러 다음 집으로 발길을 돌렸다. 그날 이후 명절 때면 아버지는 소년에게 선물을 마련해 놓았다가 주곤 했다.

아버지는 지위 고하를 막론하고, 사람들을 존중했다. 아버지는 수위 아저씨에게도 먼저 고개 숙여 인사를 했다. 사장이 수위에게 인사를 하니, 아랫사람들도 수위를 업신여기지 못했다. 똑같은 잘못을 해도, 임원이나 간부들에게보다는 허드렛일을 하는 사람, 사환, 그리고 신입 사원들에게 좀 더 관대했다.

아버지가 신문사를 경영할 당시에는 원고 작성에서 인쇄까지 모두 사람의 손을 거쳐 신문이 만들어졌다. 편집국과 광고국에서 원고가 넘어오면, 공무국 직원들이 기사 부분은 손으로 활자를 뽑아 조립해 놓고 사진이나 그림 등은 동판으로 제작해 놓는다. 이렇게 해서 신문 한 면 크기의 조판이 완성되면 조판은 반원형의 연판(합금된 뜨거운 납을 부어 만든 판)에 옮겨지고 윤

반원형의 연판(합금된 뜨거운 납을 부어 만든 판)

전실에서 이 연판들을 윤전기에 걸어 신문을 인쇄했다. 그 시절엔 윤전실이 신문사 안에서 작업 환경이 가장 열악한 곳이었다. 늘 덥고, 지저분하고 잉크 냄새가 진동했으며 소음 때문에 시끄러웠다. 아버지가 윤전실에 갔을 때, 한 직원이 인사를 했다. 나이는 갓 스물이 넘었을까? 손은 잉크 때문에 검게 절어 있었고, 겨울인데도 얼굴에 땀이 맺혀 있었다. 아버지는 그 직원의 어깨를 두드리며 말했다.

"힘들지?"

"아닙니다."

"어머니는 안녕하시고?"

"네. 덕분에 건강하십니다."

얼마 전 직원의 어머니가 위급하다는 말을 듣고 아버지는 병원비를 보태 준 적이 있었다. 아버지는 당시 편집국장부터 배달부 운전기사까지 150여 명이나 되는 사원들의 이름과 가족사항을 모두 꿰뚫고 있었다. 식구가 몇 명인지, 아이가 학교는 잘 다니고 있는지, 부모님은 건강한지 등. 아버지는 윤전실 사원들을 일일이 격려하고 그곳을 나왔다.

1970년 음력 1월 3일에 시무식을 하면서 고사를 지냈을 때, 직원 한 사람이 돼지고기를 사장실로 가져왔다.

"이게 뭐요?" 하고 아버지가 묻자 "제일 맛있는 부분이어서 사장님께 드리려고 가져왔습니다" 하며 직원이 고기를 내밀었다. 아버지는 한참 동안 가만히 고기를 들여다보다 이렇게 말했다.

"이 고기 윤전실에 갖다주세요."

"네?"

"앞으로 제일 맛있는 부위는 윤전실로 보내세요."

아버지는 사장도 임원도 기자도 아닌, 몸을 쓰며 일하는 직원들에게 제일 맛있는 고기를 가져가라 했다.

내가 중학교 때였다. 우리 집에는 일하는 가정부 언니가 있었다. 그 언니는 나보다 네 살이 많았다. 나는 누워서 책을 보다가 목이 말라서 "언니, 물 좀 갖다 줘"라고 가정부 언니에게 말했다. 아버지는 그 광경을 보고 크게 혼을 냈다.

"너 지금 뭐하는 짓이냐! 어디서 버르장머리 없이 누워서 물을 갖다 달래!"

나는 놀라 자세를 똑바로 하고 앉았다. 가정부 언니도 제자리에 멈춰 섰다.

"아주 교만하기 짝이 없구나. 그런 정신으로 공부를 하면 뭐해. 당장 집어치워!"

아버지는 내 책을 집어 던지며 난리라도 난 듯 흥분했다. 나는 그 자리에 얼어붙어 아무 말도 못했다. 눈물이 쏙 빠져나왔다.

"공부하기 전에 먼저 사람이 돼야지. 그래서 커서 뭐가 될래!"

그땐 아버지가 왜 그리 혼냈는지 몰랐다. 한편으로는 억울하다는 생각도 들었다. 오랜 시간이 지나 아이들을 키우다 보니 누워서 남에게 뭔가를 시키는 것도 교만한 행동이라는 것을 알게 됐다.

그렇게 꾸중을 했던 아버지의 태도는 내가 대학에 들어갔을 때 확 바뀌었다. 대학 입학식 날 아버지는 나를 안방으로 부르더니 "이제 너도 어른이 되었으니 오늘부터는 너를 야단치지 않겠다. 뭐든지 네가 알아서 하거라" 하는 것이었다. 그 말을 들은 나는 '내가 어른이 되었구나' 하는 기분이 들어 더욱더 책임 있는 행동을 하려고 노력했던 것 같다.

약속은 나의 양심

아버지는 "사람들과 한 약속은 내 양심과 한 약속"이라고 하면서 모든 사람들과의 약속을 중시했다. 윗사람과 한 약속은 말할 것도 없고 동료나 말단 직원들, 가족, 그리고 독자와 한 약속도 꼭 지키려 했다.

신문사를 창간하고 바쁘게 다닐 때 운전기사가 아버지를 모시고 다녔다. 한번은 아버지가 아침 일찍 누군가와 만날 약속을 하고 기사에게 오전 6시까지 집으로 오게 한 적이 있었다. 그런데 상대방에게 급한 일이 생겨 약속이 취소되고 말았다. 상대는 우리 집에 전화를 걸어 약속 취소를 알려 왔지만, 기사의 집에는 전화가 없었다. 다음날 아침 6시에, 아버지는 집 밖에 나가 기사를 기다렸다. 기사가 차를 몰고 오자 아버지는 말없이 차에 올라탔다.

"청진동 해장국 집으로 가세."

"네?"

"자네하고 아침 먹고 회사로 가려고."

운전기사는 영문도 모르고 청진동으로 차를 몰았다. 나중에 아버지는 이렇게 말했다.

"다른 사람과 한 약속은 취소된 것이지만 기사와 한 약속은 취소된 것이 아니지 않으냐."

운전기사와 한 약속도 소중하게 여겼던 아버지를 생각하면 유재주가 쓴 《열국지》의 한 대목이 떠오른다. 춘추전국시대 위나라 왕 위문후는 사냥터를 지키는 하급 관리 우인에게 "내일 오시에 사냥을 갈 것이니 준비해 놓으라"고 했다. 다음날이 되었으나 아침부터 비가 내리고 날씨가 무척 추웠다. 위문후는 술을 내오게 해서 신하들과 함께 마시며 즐겼다. 모두 기분 좋게 취해 있을 때였다. 별안간 위문후가 시종을 불러 물었다.

"지금 몇 시나 됐느냐?"

"네. 곧 오시가 됩니다."

"술상을 치우고 마차를 대령해라. 당장 사냥을 나가야겠다."

좌우의 신하들이 말렸다.

"이렇게 비가 오는데 어찌 사냥을 하시겠다는 것입니까?"

"나는 우인과 약속을 했소. 그는 틀림없이 사냥터에 나와 있을 것이오. 나는 다만 그와의 약속을 지키기 위해 가려는 것이오."

위문후가 비를 맞으며 마차를 타고 사냥터로 갔다. 우인 역시 비를 맞으며 활과 사냥개를 준비해 놓고 위문후를 기다리고 있었다. 위문후는 그런 우인을 데리고 성으로 돌아왔다.

이 소식을 들은 백성들은 감탄했다.

"우리 임금은 저렇게 약속을 잘 지키는구나."

이 소문이 퍼지자 위나라뿐 아니라 다른 나라의 현자들이 앞 다투어 위문후의 조정에 몰려들었다.

아버지는 직원들과 약속한 사옥 증축, 신사옥 건립, 윤전기 도입, 임금인상과 후생복지에 대한 부분을 거의 모두 지켰다. 자신이 솔선수범해야 사원들도 자신의 이념에 공감할 수 있다고 믿었기 때문이다. 또한 사원들에게 한 약속을 지키기 위해서는 잠시라도 다른 곳에 한눈을 팔 여유가 없다고 생각했다.

아버지는 주변 사람들이 '인생을 즐기라'고 권유할 때마다 이렇게 말했다.

"내가 사원들 고생하는 것에 제대로 보답해 주지도 못하면서 술 마시고 기생집에 가서 놀기나 하면 양심의 가책을 받습니다. 내가 양심의 가책을 느끼지 않을 때 비로소 사원들에게

'고생해 달라'고 할 수 있지 않겠습니까?"

그러면서 "내 취미는 신문경영이고, 나는 매일경제신문과 연애 중"이라고 말했다.

언젠가 사원들이 "정 사장께서도 무능하다는 평을 듣게 되면 욕심 부리지 않고 그 자리를 내놓을 각오가 되어 있느냐"고 물었을 때 아버지는 웃으며 "그렇다"고 대답했다. 그리고 "나는 항상 문제의식을 갖고 매일경제신문을 발전시켜왔다. 내가 그런 의식을 갖고 있지 못할 때는 물러나는 것이 당연한 것이 아니냐"고 덧붙였다.

초창기에 아버지가 경영자로서 제일 신경 쓴 부분은 급여 지급이었다. 1960년대에는 번듯한 회사에서도 임금 체불과 미지급이 비일비재했다. 그러나 아버지는 월급 날짜 하나만큼은 철저히 지켰다. 창간 초기에 극도로 어려운 상황에서도 단 한 번도 월급 지급을 늦추거나 어긴 적이 없었다. 그는 그 당시 중역 회의에서 "한 달이 왜 이렇게 빨리 지나가느냐"고 탄식하곤 했지만, 사원들에게는 타계하기 직전에야 그런 사정을 말했다.

"(초창기에) 봉급날이 되면 직원의 봉급을 마련하기 위해 늘 노심초사했다. 월급 줄 돈을 마련하지 못하면 은행에 가서 사정을 했다. 그리고 무작정 기다리기도 했다. 은행에서 도저히 안 된다고 하면 그때는 할 수 없이 은행을 나와 사채를 구하러 가야 했다. 말 못할 고통이 많았다. 일일이 이야기하면 우리 사원들의 사기가 떨어질까 봐 차마 말 못하고 지냈다."

월급 봉투에는 매일경제신문이 창간될 때 박성희 대통령이 직접 써서 내려준 시호인 '절약 근면節約勤勉'이란 문구가 적혀 있었다. 봉급날이 되면, 이 누런 봉투에 직원 한 사람 한 사람의 이름과 임금 액수를 미리 써 놓고 기다렸다. 돈이 언제 올지 모르니, 이름과 액수를 쓰는 시간이라도 줄여 빨리 지급하려는 것이었다. 관리국장은 오후 늦게나 돼야 은행에서 현찰을 받아 오곤 했기 때문이다. 관리국장이 생각보다 빨리 오지 않으면, 아버지는 '혹 사고라도 생긴 것이 아닌가' 하는 불안한 생각에 애간장을 태웠다.

봉급날은 25일이었다. 만약 이 날이 일요일이면 금요일에 봉급을 줬다. 설이나 추석처럼 연휴가 있으면 꼭 연휴 전에 봉급을 줬다.

월급을 타 본 사람이라면 알 것이다. 하루 이틀 차이로 돈이 빨리 들어오는 것과 늦게 들어오는 것이 얼마나 큰 차이인지를. 월급날이 되면 아내들은 맛있는 찌개를 끓여 놓고 남편을 기다린다. 가장이 두툼한 봉급봉투를 들고 일찍 귀가하기만을 바란다. 그런데 그날이 연휴나 명절과 겹치면 가난한 봉급자의 집에서는 한숨이 절로 나온다. 아버지는 그런 사원들에게

미리 월급을 줌으로써 그들의 고생에 대한 고마움을 표시하려
했다.

아버지는 매일경제신문을 창간할 때, 사원들에게 "끝까지
함께 해서 최고의 신문을 만들자"면서 "신문은 내 것이 아니라,
당신들의 것이다. 애쓴 만큼 보상이 있을 것이다"라는 말을 자
주 했다.

"그 당시 사원 모집 공고를 몇몇 신문에 냈다. 모집 광고에
창간의 뜻을 밝혔다. 이 광고를 보고 응시해서 채용된 1기 수
습기자들은 직장을 못 구해서 내게로 왔건 내가 밝힌 이념에
동조해서 왔건 일단 나를 보고 찾아온 사람들이다. 대학을 갓
나온 젊은이들이 내 약속 하나만 믿고 자신의 인생을 맡긴 것
이다. 무엇 하나 볼 것 없는 상태인 젊은 정진기를 신뢰해 준
것이다. 나는 그들에게 한 약속을 반드시 지킬 것이고 지금까
지도 지키고자 노력해 왔다."

아버지는 미래를 맡기면 반드시 좋은 날이 오도록 하겠다
는 약속을 지키려고 전력을 다했다. 결국 아버지와 창간 동지
들은 매일경제신문을 크게 성장하도록 만들었다. 아버지는 1
기생들 한 사람 한 사람에게 중요한 직책을 맡겼고 인간적으로
나 재정적으로나 섭섭지 않게 대해주려 했다.

1978년 시무식 때의 일이다. 아버지는 사원들 앞에서 이렇게 말했다.

"오늘 내가 여러분에게 용서를 구할 일이 하나 있다. 지난해 여러분 앞에서 공약한 게 있었는데 사정이 있어서 실천에 옮기지 못했다."

사원들은 어리둥절해 했다. 사장의 말이 끝나자마자 사원들은 "뭘까" 하고 찾는 것 같았다. 곧 사원들이 모르겠다는 표정을 짓자 아버지는 차분히 말을 이었다.

"각 분야에 평가 제도를 도입해서 승진이나 급여에 반영시키겠다고 한 것, 그 약속을 지키지 못했다."

평가 제도를 통한 급여와 승진은 아버지가 구상하고 실천에 옮기려 애썼던 것이었다. 그런데 이 제도의 검토를 맡은 신문사 내부 부서에서 작업이 늦어져 그해 초에 실행되지 못했던 것이다. 그럼 그냥 "평가 제도는 하반기부터 하겠다"고 해도 그만이었다. 아무도 사장을 비난하지 않았을 것이다. 약속은 당신의 양심이어서 그랬을까? 아버지는 공개적으로 전 직원들 앞에서 약속을 지키지 못한 것에 대해 사과를 했다.

아버지는 독자와의 약속에도 철저했다. 회사나 집으로 배달 사고 신고가 들어오면, 아버지는 바로 지프차를 타고 나가서 배달을 하기도 했다. 홍은동이나 신림동 산꼭대기까지 직접 배달한 적이 한두 번이 아니었다. 그 때문에 아버지에게는 '배달부 사장'이라는 별명이 붙었다. 그 외에도 아버지는 교열 사장, 판매 사장, 사환 사장이었으며 기사 쓰는 사장이기도 했다.

아버지는 매일경제신문과 관련된 것이라면 아무리 보잘것없어 보이는 일이라 해도 직접 나서서 하기를 주저하지 않았다.

아버지는 딸과의 약속도 소홀히 하지 않았다. 내가 네 살 때였던 것 같다. 하루는 친구가 예쁜 옷을 사 입고 놀러왔다.

"이거, 우리 아빠가 사 준 거다."

아직도 그 말이 기억난다. 나는 너무 부러웠다. 아버지가 바빠서 얼굴을 제대로 보지도 못한 나로서는 풀이 죽을 수밖에 없었다. 그 길로 집에 들어가서 엄마에게 짜증을 부렸다.

"엄마! 아부지 나 좀 보자 그래. 나도 옷 좀 사 달라고 그러게."

다음날, 어머니는 상기된 목소리로 "아버지가 오늘 너 옷 사 주신다고 나오라 하셨어"라고 말했다. 아버지는 점심 때 잠깐 짬을 내어 동대문 시장에 나를 데려가 옷을 사 준 것이다. 그때 산 핑크색 레이스가 달린 옷을 나는 아직도 생생하게 기억한다.

고등학교 다닐 때 일본 학생들이 한국 학생의 집에서 하룻밤 숙식을 하고 서울 시내를 관광하는 프로그램이 있었다. 나는 이 프로그램에 참여하여 우리 집에도 일본 학생 한 명이 온 적이 있었다.

나는 그때 영어도 일본어도 잘할 줄 몰랐다. 그리고 외국인을 처음 만나는 것이라 좀 두렵기도 했다. 생각할수록 난감했다. 나는 용기를 내서 아버지에게 일본 학생의 서울 관광을 도와 달라는 부탁을 하기로 했다. '못 해 주시면 할 수 없지' 하는 심정으로 말했지만 아버지는 흔쾌히 승낙을 했다.

약속한 날이 되자 아버지는 우리들을 데리고 남산과 경복궁 등을 돌며 하루 종일 안내를 해 주었다. 경복궁에서는 우리나라 역사를 일일이 설명해 주었고, 남산에서는 서울의 지역을 한 곳 한 곳 지적하며 "저기가 한강이고 그 너머는 노량진" 하는 식으로 알려 주었다. 아버지는 '제2의 창간'을 준비하면서 한창 바쁠 때였지만, 나와의 약속을 지키기 위해 회사 스케줄을 하나도 잡지 않았던 것이다.

대학원에서 사회학을 전공할 때 나는 여가에 대한 석사 논문을 썼다. 당시만 해도 여가라는 말이 낯설었다. 레저를 무슨 사치품이나 되는 것으로 여기던 때였다. 이러한 시대적 배경으로 우리나라에는 여가에 대한 연구가 거의 없었고 여가에 대한 책도 드물었다. 자료는 부족하고 논문은 써야겠고 '어떻게 하면 좋을까' 하고 고민하고 있었다.

그러던 어느날 어머니가 불쑥 "아버지께서 일본출장을 가신다"고 말하는 것이다. '아버지가 무거운 책을 들고 오시면 힘들지 않을까?' 라는 생각하면서 아버지께 말을 할까 말까 망설이며 아버지 옆에 앉아 있었다. 그런 나를 본 아버지는 내 눈치가 이상했는지 "뭐 할 얘기가 있니?"라고 물었다.

"네…."

"아버지! 책 좀 사다 주실 수 있으세요?"

"무슨 책?"

"여가에 대한 책이요. 뭐 레저에 대한 책도 좋고요. 논문 쓸 때 필요해서요."

출장에서 돌아오자마자 아버지가 불러 안방에 가 보니, 여행용 가방이 하나 놓여 있었다. 아버지가 눈으로 가방을 가리켜 열어보니 그 안에는 책이 가득 들어 있는 것이 아닌가.

"서점에 들어가서 제목에 여가, 레저가 들어가는 책은 다 사왔다."

"이렇게 많이…. 아, 감사합니다."

아버지가 사다 준 책 덕분에 나는 논문을 무사히 잘 끝낼 수 있었다.

아버지의 위트

봄이 되니 진달래가 지천으로 피었다. 가끔 절에 다니다 길 옆에 핀 진달래를 보면 대학 때 있었던 '진달래색 코트 사건'이 생각이 난다. 진달래색이 너무 예뻐서 코트를 맞추기는 했는데 막상 입고 나가려니까 모든 사람들이 나만 볼 것 같아 왠지 입 기 쑥스럽고 부담스러웠다. 그러다 보니 그 옷이 꼴도 보기 싫 어졌다. 나는 코트를 옷장 한 구석에 처박아 두고 잊어버리고 있었다.

며칠 뒤 눈이 오는 날이었다. 안암천 변이 하얗게 변했다. 아버지는 불쑥 내게 말했다.

"저 하얀 눈밭에서 진달래색 코트를 입으면 얼마나 예쁘겠 니?"

아버지는 그런 식으로 나를 위로해 주었다. 그냥 "진달래색이 뭐가 어떠냐? 그냥 한번 입어 봐라" 하지 않고 굳이 눈 오는 날을 기다렸다가 말했던 것이다. 그 말을 듣고 나니 용기가 생겼다. 다음날, 진달래색 코트를 입고 학교에 갔을 때 친구들은 내게 한결같이 그 옷이 예쁘다고 했다. 뭐든 해보면 별 것 아닌 것을 하기도 전에 겁을 내는 게 사람인가 보다.

한번은 아버지와 북한산으로 등산을 간 적이 있다. 지나가는 어떤 여자가 맑은 계곡을 보고는 "저기서 빨래하면 좋겠다"라고 말했다. 그때는 서울에도 상수도가 100% 보급되지 않았던 시절이었다. 주부가 깨끗한 물을 보고 "빨래하면 딱이다"라고 생각하는 것은 당연했을지도 모른다. 아버지가 대뜸 내게 물었다.

"너는 저 사람을 어떻게 생각하니?"

"…"

"나는 계곡물을 보고 '빨래를 하겠다'라고 하는 사람한테 정이 안 가더라."

"…"

"내가 많은 사람을 만나보니 자연을 보고 즐기는 사람들이 재치도 있고 지혜도 있고 그러던데."

나는 속으로 생각했다.

'자연과 지혜가 무슨 상관이람?'

내 마음을 읽었는지 아버지가 말했다.

"말이 없는 걸 보니 우리 현희는 계곡이 아니라 바다인가? 허허."

내가 결혼할 무렵이 되자, 아버지는 이런 말씀도 했다.

"우리 딸은 신사임당이 될 건가? 육영수 여사가 될 건가? 신사임당처럼 적극적으로 가정을 이끌어 나갈까, 아니면 육영수 여사처럼 뒤에서 조용히 내조할까?"

"글쎄요."

아버지는 훌륭한 내조라는 것은 남편보다 뛰어난 능력과 재주를 갖고 모든 일을 알아서 하거나, 아니면 남편이 실컷 일할 수 있게 묵묵히 돕거나 둘 중에 하나라고 생각했다. 어중간한 간섭은 하지 않는 게 낫다는 것이다.

내가 결혼하기 전에 음식을 만들어 드리면 아버지는 말했다.

"아, 맛있는데? 우리 현희가 요리도 잘 하는구나."

그렇지만 남편 될 사람이 정해진 뒤에는 "맛이 어때요?" 하고 여쭤보면 아버지는 이렇게 말했다.

"이제 네가 요리해서 맞춰야 하는 사람은 네 신랑이다. 요리가 맛있는지 아닌지는 신랑 될 사람에게 물어봐라."

아버지는 결혼 후에는 부녀 관계보다는 부부 관계가 더 중요하다는 말을 하고 싶었던 것 같다. 당신은 은연중에 내가 육영수 여사처럼 되기를 바랐는지도 모른다.

사원들을 다룰 때도 아버지의 위트는 빛을 발했다.

❝ 매일경제신문 1기로 합격해서 첫 출근 날. 고급 중국 음식점 아서원에서 입사 환영 파티가 있었다. 자취 생활로 굶주려온 나는 호화로운 성찬에 독한 배갈을 연거푸 들이켰다. 잠시 후, 완전히 취해 버린 나는 어이없는 오발탄을 쐈다.

"정 사장, 당신 사기꾼 아니오? 무슨 돈으로 신문사를 차렸단 말이오?"

정직하게 고백해서 그 다음 상황은 모른다. 파티장이 엉망진창이 되었을 것이고. 사장님 이하 전 간부진이 당혹했음은 짐작만 할 수 있는 일이다.

다음날 새벽 눈을 떴을 때. 나는 경찰병원 신세를 지고 있었다. 파티장에서 밖으로 나온 나는 동료들의 부축에도 불구하고 길바닥에 쓰러졌다. 워낙 만취한지라 여관에서도 하룻밤 투숙을 거절했다 한다. 그러다 통금시간을 넘겨 하는 수 없이 동료들은 구급

전화로 경찰 백차를 불렀던 것이다.

병원에서 회사로 출근했을 때 내 몰골은 괴한 같았다. 얼굴에 반창고를 덕지덕지 붙인 체 스스로 죄를 알고 사장실을 찾아가 사표를 냈다.

"사장님, 면목이 없습니다. 저는 물러가겠습니다."

그러자 정 사장은 내 손을 덥석 잡으시면서 담담하게 말했다.

"물론 사표를 내야겠지. 간부들도 모두 사표를 받아야 한다고 야단이고. 일단 편집국으로 가세."

편집국에 들어가 동료들 앞에 나를 세워 놓고는 정 사장께서 말했다.

"여러분! 김 기자는 형광등으로 말한다면 어젯밤 잠시 불이 나간 형광등입니다. 고장이 난 형광등은 고쳐야 빛이 나는 법이지요."

사원들이 껄껄껄 웃었다. 사장님은 내 귓속에 대고 속삭였다.

"이보게. 우리가 자네를 뽑기 위해 얼마나 많은 비용을 들였는지 아나? 그게 아까워서라도 자네 사표는 받을 수 없네."

사장님은 내 등을 한 번 툭 치시더니 집무실로 내려갔다. 입사하루 만에 사표를 쓸 뻔 했던 나는 이렇게 위기를 넘겼다.

-김창의 매일경제신문 공채 1기, 《특근기자》

30대의 젊은 사장과 패기 넘치는 신입 사원의 모습이 신선하게 느껴진다. 청년 사장이었던 당신은 사원을 대할 때도 평범하지 않았다.

당혹스런 시험 문제

1965년 초겨울, 매일경제신문 제1기 수습기자를 뽑을 때의 일이었다. 1차 시험을 통과한 60명이 2차 시험을 치렀다. 2차 시험의 첫 시간은 오전 9시로 논문 테스트였다. 수험생들은 이미 9시 이전에 도착해서 기다리고 있었다. 그러나 9시 30분이 넘도록 시험관이 들어오지 않자, 수험생들은 웅성거리기 시작했다.

"신문사가 뭐 이렇게 시간 약속을 안 지키나?"

"엉터리군."

40분이 지나서 몇몇 수험생들이 일어나 막 나가려고 할 때 시험관이 들어오고 문제지가 배포됐다.

귀하는 9시부터 지금 이 시각까지 무엇을 생각했습니까? 아래

44

에 쓰시오.

　허를 찌르는 제목 앞에 수험생들은 잠시 찬물을 끼얹은 듯이 조용했다. 이 문제는 아버지가 직접 낸 것으로 신문기자가 가져야 할 기본적인 자질(시간관념과 문제의식)을 테스트하려는 것이었다.

　이때 한 수험생은 "신문사와 신문기자는 시간을 생명처럼 여겨야 한다. 촌각을 다투며 기사를 쓰고 신문을 발행해서 독자들에게 알려야 하기 때문이다. 그런데 지금 귀사는 수험생들을 30분 이상 기다리게 만들었다. 이건 심각한 문제다. 새로 생긴 신문사라 역시 허술한 것인가? 나는 기다리면서, '이런 회사는 신문사 자격이 없다'고 생각했다"고 썼다. 이 답안지를 본 아버지는 씩 웃으며 인사 담당자에게 말했다.

　"이 사람 꼭 합격시키시오."

　"너무 욕만 잔뜩 써 놓은 것 아닙니까?"

　"이렇게 문제의식이 있는 사람이 좋은 기자가 됩니다."

　아버지는 기회가 있을 때마다 '문제의식을 가진 사람이 되라'고 강조했다. 문제의식을 제대로 가지려면 어떻게 해야 하는가? 공부를 해야 한다. 이것이 아버지가 늘 입에 달고 다니는 말이었다.

영어 시험 시간이 되자 수험생들 앞에 백지가 한 장씩 놓였다. 그리고 아버지가 연단에 올라 이렇게 이야기했다.

"잠시 후, 미국인 한 사람이 5분 동안 스피치를 할 것입니다. 그 이야기를 듣고 요지를 종이에 적으십시오."

수험생들은 술렁거렸다.

"영어를 전공한 사람만 채용하는 것입니까?"

"다른 전공자는 들러리란 말입니까?"

질문이 쏟아져 나왔다. 아버지는 아니라고 고개를 저으며 답했다.

"여러분들은 대학 4년을 포함해서 그동안 10년 동안 영어 공부를 했습니다. 그런 여러분들의 영어 실력, 특히 듣기 능력이 어느 정도인지를 측정하려고 하는 것입니다. 백지를 내도 좋습니다. 알아들을 수 있는 데까지 듣고 써주십시오. 설령 한 단어밖에 못 알아들어도 좋습니다. 그대로 쓰십시오. 시험 결과는 합격 여부와 관계없습니다. 못 썼다고 불리한 취급을 하지 않을 것입니다. 이 점은 내가 분명히 약속합니다."

미국인의 스피치가 끝났다. 수험생들은 고개를 절레절레 흔들며 시험지를 냈다. 거의 전원이 백지를 그대로 제출했다. 요즈음 사람들은 대학 졸업자들의 영어듣기 능력이 전무했다는 사실을 믿기 힘들지도 모른다. 그렇지만 그 시절에는 독해

와 문법을 위주로 공부했기 때문에 리스닝Listening이 되는 사람이 드물었다. 이러한 상황에서 듣기 평가를 공채 시험에 적용했다는 것은 파격적이었다(물론 백지를 낸 사람 가운데 다수가 2차에 합격했다).

다음 시험 시간이 되자 아버지가 다시 연단에 올라갔다. 이번에는 수험생들이 취재현장에 있는 것 같은 분위기를 조성하면서 '월동기 연탄 수급 문제'를 주제로 10분 동안 강연을 했다. 수험생들이 어리둥절해 있을 때 아버지는 시험 문제를 말했다.

"지금까지 올 겨울 연탄 수요와 공급 문제에 대해 제 나름대로 견해를 말씀드렸습니다. 여러분의 의견은 어떻습니까? 제가 한 말을 요약하고 각자의 견해를 써서 제출해 주십시오."

이 시험 문제는 기사작성 능력을 종합적으로 평가할 수 있는 문제였다. 우선 강연 내용을 정리하고 비판적인 의견을 제시하는 능력을 테스트할 수 있다. 그리고 책상에서 이론적으로 탁상공론이나 하는 사람인가 또는 현장에서 생생한 현장감이 있는 사람인가 식별할 수 있는 문제였던 것이다.

아버지는 시험에서 정답을 내는지 오답을 내는지는 중요하지 않다고 생각했다. 아버지에게는 모른다는 것을 아는 것 자체도 공부이기 때문에 시험도 공부라고 생각했다. 당신은 시험을 통해서 사원들이 상대적인 우위가 아닌 절대적 우위를 가진 인재들로 크길 바랐던 것 같다.

창업 초기의 공채 시험 문제 중 또 이런 것이 있었다.

오늘의 날씨를 예상해 보시오.

오전 9시에 시험을 보러 온 수험생들에게 오늘의 날씨를 예보하라니? 도대체 왜 이런 문제를 냈을까? 나중에 시험에 합격한 기자가 아버지에게 그 이유를 물어보았을 때 이런 대답이 돌아왔다.

"취직 시험 보러 가는 날 일기 예보에 관심을 가질 정도로 주의력이 있어야 기자가 될 수 있다."

공채 1기생으로 뽑힌 두 명의 여기자 중 한 사람인 김민자 님은 "그 당시 정 사장의 착상과 판단은 한 가지도 평범한 것이 없었다"고 회고했다.

매일경제신문은 처음 사원을 뽑을 때부터 입사 시험을 치르러 온 사람들에게 '점심값'을 지불했다. 아마 우리나라에서 응시생들에게 점심 비용을 지불한 회사는 매일경제신문이 처음이었을 것이다. 액수의 많고 적음을 떠나서 사람을 중시하는 매일경제신문의 시각을 드러내 주는 사건이었다. 그에 대한 아버지의 대답은 명료했다.

"응시생들이 시간을 내서 시험을 보러 왔기 때문에 시간에 대한 대가를 지불해야 한다."

이 소식을 접한 언론계 사람들은 놀라워했다. 한 회사의 사장은 "정말 독특한 제도다. 이런 창의적인 생각을 하는 사람이 대표로 있는 한 매일경제신문사는 성공할 것이다"라고 점치기도 했다.

역시 초창기 신입 사원을 뽑을 때의 일이었다. 마지막 면접 단계에서 한 지원자가 조리 있게 대답을 잘했다. 아버지는 그 사원의 대답이 마음에 들어 채용하기로 이미 마음먹고 있었다. 더 이상 질문할 것이 없어 가만히 있다가 아버지는 갑자기 그 지원자에게 이런 질문을 했다.

"그런데 자네 혹시 물가와 가격이 어떻게 다른지 아시는가?"

갑작스런 질문에 지원자는 대답을 못하고 우물쭈물하고 있었다.

"그게… 저…."

아버지는 재빠르게 말을 꺼냈다.

"물가라는 것은 여러 가지 상품이나 서비스의 가치를 평균적으로 본 것이고 가격은 물건 한 단위를 구입할 때의 교환 가치를 화폐 물량으로 표시한 것이야. 그런데 물가와 가격은…."

이때부터 '물가와 가격의 차이'에 대한 사장과 입사 지원자 사이의 1 대 1 수업이 시작됐다. 그 수업은 30분이나 지속되었다. 교육에 대한, 공부에 대한 아버지의 열정을 알 수 있게 해 주는 일화다.

사원 교육에 대한 열정

지금은 사내 재교육이 일반화되어 있지만, 1960~1970년 대만 해도 사내 교육이란 것이 생소했다. 그럼에도 아버지는 사원 교육의 중요성을 일찍이 깨달았다. 공부가 필요한 사람들을 '콕 집어서' 대학원이나 학원에 등록하게 했다.

66 정 사장은 매경을 창업하면서 나를 불러 기자로 일하게 했다. 입사해서는 사장과 직원이 됐지만 매경을 창간하기 전에 우리는 친구 같은 사이였다. 창간 초기의 어느 날. 그는 나를 지프에 태우더니 서울대학교로 끌고 갔다.

"어디 가십니까?"

"서울대 신문대학원에 연구 과정이 있는데 우리 함께 등록합시다."

나 혼자 가라면 안 갈 것 같았는지 같이 가자는 거였다. 사장이 같이 공부하자는데 거부할 도리가 없었다. 나는 신문대학원 연구 과정 제1기 3개월 과정을 그와 같이 마쳤다. 그리고 얼마 안 있어, 그는 "이번에는 고려대 경영대학원 1년 코스를 밟으라"고 했다.

소공동에서 필동 사옥으로 옮겨올 무렵, 나는 전무 발령을 받았다. 내가 "장부도 볼 줄 모르고 도장도 찍을 줄 모릅니다" 했더니 그는 이렇게 말했다.

"너무 염려 마시오. 내가 경리학원에 등록해 놨으니 내일부터 공부를 하시오."

어처구니없지만 할 수 없었다. 그 다음날부터 꼬박 한 달 동안 경리학원을 다니면서 어린 수강생들 사이에서 부기를 배울 수밖에. 그리고 몇 년 뒤, 이번에는 연세대학교 최고경영자교실 연수 과정을 들으라는 것이었다.

"또 공부하라고요? 서울대, 고대, 연대 다 거쳐야 합니까?"

내가 항의 아닌 항의를 했더니 역정을 내며 정 사장이 말했다.

"윗사람이 솔선수범해야지. 자기가 공부 안 하면서 아랫사람들에게 공부하라고 하면 따를 것 같소?"

맞는 말이었다. 나는 다시 팔자에 없는 밤공부를 해야 했다. 입사 10년쯤 되었을 때, 이런저런 공부에 시달리던 나에게 그는 말했다.

"이제야 당신과 털어놓고 무엇이든 이야기할 수 있게 되었소."

나는 그때서야 어렴풋이 그의 의중을 읽을 수 있었다. 한 사람을 교육시키는 데 그는 10년의 세월을 투자했던 것이다.

-나병하 전 매일경제신문 회장, 《특근기자》

66

필자가 부장이던 시절, 사주의 호출이 있어 사장실에 갔다. 사장 호출 뒤에는 대개 호통을 치는 것이 순서라 '내가 뭘 잘못했지' 하며 사장실로 들어섰다. 사장은 이날 호통을 치는 대신 하늘색 티켓 한 장을 건넸다.

"이게 뭡니까?"

사장은 대답 대신 건너편 건물을 가리켰다.

"저기 일본어 학원 보이지? 거기 수강증이야."

"네?"

"자네뿐 아니라 다른 부장들 것도 다 끊어 놨어. 오늘 저녁부터 다니게."

사장은 오래전부터 "곧 국제화 시대가 온다. 국제화 시대에는 외국어 하나쯤 자유자재로 구사해야 한다. 지금 일본 사람들이 우리나라에 많이 오고 있다. 관광과 교역에서 두 나라는 더 밀접한 관계가 될 것이다. 일본어를 미리 배워두라"고 역설했다. 필자에게도 일본어 공부를 하라고 귀가 따갑도록 권고해 왔지만, 바쁘다는 핑계로 공부를 차일피일 미루던 터였다.

결국 필자는 이런 식으로 강제로 일본어 공부를 하게 됐다. 나와 부장급 직원 네 사람은 6개월 동안 학원을 다녔다. 처음에는 투덜대며 학원에 다녔지만 6개월이 지나 어느 정도 일본어 해독이 가능해지자 불만이 없어졌다.

이때, 사장은 일본어 학원 동지 네 사람을 다시 불렀다. 사장실에 들어서자 그분은 또 봉투 네 장을 내밀며 말했다.

"일주일 동안 일본 신문사 견학을 다녀오게."

봉투 안에는 비행기 티켓과 후한 여비가 들어 있었다. 우리들은 일주일 동안 니혼게이자이日本經濟신문, 요미우리신문 등을 견학하고 돌아왔다. 나와 동료들의 견문이 넓어진 것은 말할 것도 없다. 정진기 사장은 우리들에게 일본어 학원 티켓을 끊어줄 때부터 이미 이 계획을 세워 놓았던 것 같다.

-백인호 전 YTN 대표이사 사장, 《특근기자》

사내 교육을 사원들이 환영한 것만은 아니었다. 한 시간 일찍 출근하도록 해서 언어 교육을 시키면 "잠 한 시간 더 자는 게 낫지"라고 투덜대는 사원도 있었고 "이럴 돈 있으면 월급이

1969년 아버지가 사원교육을 위해 주관한 편집국 회의.

나 더 주지" 하고 불평하는 사원들도 있었다. 그러나 얼마 지나지 않아 사원들이 영어와 일본어를 조금 할 수 있게 되자 이런 불만은 사라졌다.

사원들에게 외부에서 교육을 받도록 하는 한편, 아버지는 사내에서도 사원들을 교육시켰다. 매주 토요일 오후에 편집국 직원을 소집해서 회의를 했는데 이 회의는 사실 사장이 전체 사원들을 모아 직접 교육하는 자리였다.

❝   "김 아무개 기자! 국세청 출입을 2년 가까이 했는데, 세금은 헌

법 몇 조의 규정에 따라 징수되는지 알고 있나요?"

"네, 이러이러한 규정과 근거에 따라 징수됩니다."

"그럼 어제 신문에 쓴 해설 기사는 인정 과세를 다룬 모양인데…. 김 기자는 정부입장을 전달하는 대변인이오? 아니면 문제점을 지적해 주는 기자요? 기자가 인정 과세의 문제점을 포착했으면 이를 비판하고 시정방향을 제시하도록 기사를 썼어야지요. 공부 좀 하세요. 공부. 기자가 방향을 알고 써야 기사가 되지."

대체로 정 사주의 토요회의를 통한 교육은 말단 기자에서 간부직으로 올라가며 실행되기 마련이다.

"아무개 부장, 어디 계시나요? 엊그제 8면에 실렸던 2단짜리 가격인상 기사는 톱기사와 자리가 바뀐 것 아닙니까? 기사의 비중을 저울질할 때 도대체 눈금을 어디에 맞추는 겁니까?"

8면 데스크의 해명이 있자 정 사주의 두 번째 질타가 떨어진다.

"여보 아무개 부장! 기사의 비중을 그렇게 단순하게만 저울질해서 되겠소? 부장도 공부 좀 하세요. 공부 좀!"

물론 이 경우 공부하라는 당부는 학문적인 것만 의미하지는 않는다. 세상을 살아가는 지혜를 터득하는 것에서부터 간부와 기자의 역할. 취재 요령, 나아가 수신제가에 이르기까지 너무나 다양하다.

정 사주는 창업한 이후 세상을 떠날 때까지 숱한 사원들을 다뤘다. 그 용병술의 캐치프레이즈가 바로 "공부 좀 하시오"였다.

'공부하라'고 채찍질하는 말이 무슨 뜻인지 그 진의를 터득하게 되기까지는 수년이 걸린다. 그 뜻을 50% 이상 알아차리면 그때 '정진기학鄭進基學'에 입문한 것이나 다름없다.

-장창용 매경동우회장, 《특근기자》

아버지가 자식들처럼 생각했던 공채 1기생 23명에게는 특히 더 열정적으로 교육했다. 1기생들은 입사해서 다음해 창간하기까지 4개월 동안 매일 8시간씩 속성으로 기자 수업을 받았다.

창간 뒤에는 1기생들에게 숙제도 내줬다. 성창환 교수가 지은 《경제학 원론》을 매일 200자 원고지 10장씩 베껴 써내라는 것이었다. 기자들은 바쁘게 취재에 쫓기면서도 숙제를 제출해야만 했다.

《경제학 원론》은 600페이지에 달하는 두꺼운 책이었다. 1기생들은 마지못해 베껴 쓰기 숙제 원고를 매일 아침 사장 비서에게 제출했다. 1기생 중 누군가가 "왜 하필 숙제를 저녁이 아닌 아침에 내라고 하는 걸까?"라고 의아해 했다. 아버지는

"밤에 술 마시지 말고 일찍 집에 들어가 공부하라는 거여"라고 말했다.

1기생 이후에도 아버지는 매년 신입 사원들에게 입사 첫 날 《경제학 원론》과 《경영학 원론》을 선물하며 이렇게 말했다.

"입사를 축하합니다. 앞으로 3개월 안에 이 두 권의 책을 다 읽으시길 바랍니다."

덕담과 명령이 섞인 말을 들은 신입 사원들은 어리둥절해 했다. 한때는 편집국 전체 사원을 대상으로 매달 제목을 정해 주고 논문을 제출하게 한 적도 있다. 논문은 심사를 통해 ABC로 채점을 했고 잘 쓴 사람에게는 원고료를 지급했다. 싫든 좋든 사원들은 경제·경영학 원론을 읽어야만 했다. 또 기자들에겐 매일 경제용어 하나씩을 풀이하라는 숙제도 내주었다. 이 숙제는 5년 정도 지속되었다. 어찌 보면 아버지는 독불장군 같기도 하고 교장선생님 같기도 한 사장이었다.

먼저 인간이 되라

아버지는 공부하겠다는 사람이 있으면 누구든 도움을 주고자 했다. 매일경제신문을 창업하기 이전, 아버지가 기자 생활을 할 때 우리는 안암동에 살았다. 처음에는 단칸방에 살았고, 초등학교 1학년 때 방 세 개짜리 전셋집으로 옮겼다. 그러다 초등학교 3학년 때 방 네 개가 있는 집을 사서 이사를 갔다. 집이 넓어질 때마다 식구들이 늘어났다.

많을 때는 할머니, 당고모, 당숙들, 사촌 형제들, 가정부, 운전기사 등 모두 15명이 살았던 적도 있다. 지금 생각하면 말도 안 되는 일이지만 그때는 그랬다. 시골에 사는 친척들은 '유학', '취업' 등을 이유로 서울 우리 집에 올라와서 살았다. 친척들은 우리 집에서 학교를 다녔고, 회사도 다녔다. 그러다가 결혼을 하게 되거나 고향으로 내려가게 되어서야 우리 집을 떠났다. 앞에서 일화를 이야기한 백인호 님도 대학에 다닐 때 3년 동안 우리 집에서 숙식을 한 것은 물론이고 아버지로부터 '친척장학금'을 받기도 했다.

지방대학을 졸업하고 고려대 대학원에 진학한 정현채 님도 우리 집에 와서 살았다. 한번은 정현채 님이 풀 브라이트 재단의 장학금을 받았는데도 재정 보증인을 세울 수가 없어 유학을 포기해야 하는 사태가 벌어졌다. 딱한 사정을 들은 아버지는 이때 막 마련한 자택을 담보로 정현채 님의 재정 보증을 서주어 유학을 떠나도록 했다.

아버지는 아무리 많은 식구들이 와서 살며 몇 년이 지나도 "저 아이는 언제 돌아가느냐?"고 한 번도 물어본 적이 없었다. "저 아이는 왜 또 왔냐?"라는 말도 한 적이 없었다. 오는 사람 막지 않고 가는 사람 잡지 않았다. 어머니는 많은 식구들 때문에 힘들었을 텐데도 한 번도 힘든 내색을 하지 않았다. 사촌들도 자식처럼 생각하고 성심성의껏 돌봤다.

그렇다고 아버지가 '공부가 전부'라고 생각한 건 아니었다.

"나는 무조건 공부만 하라고 요구하진 않는다. 공부할 수 있는 자세를 먼저 요구하고 일할 수 있는 양심을 요구한다. 일부 대학교 나온 사람들은 나쁜 점을 지적하면 궤변을 늘어놓는다. 또 외국 유학을 갔다 온 사람들 중 많은 사람들은 게다가 영어 몇 마디에 독일어까지 섞어 말하며 스스로 잘났다고 생각한다. 나는 그런 사람들은 아예 잘난 것으로 내놔 버린다. 그런데 알고 보면 그런 사람들이 최고의 위선자들이다. 내가 보기에 그들은 뭐가 옳고 그른 것인지 구분할 줄 모른다. 나는 학교 많이 다녔다는 경력을 높이 평가하지 않는다. 학력 이전에, 인간으로서 기본이 형성되어 있는가 아닌가가 더 중요한 것이다."

우리들이 잘난 체하면 "가만히 있으면, 중간이라도 간다"고 했던 아버지의 말이 아직도 생생하다.

아버지는 우리에게 생활 속에서 인간의 됨됨이를 가르치려고 했던 것 같다.

친사촌언니가 1969년부터 '가족장학금'을 받으면서 우리집에서 대학을 다녔다. 그런데 아버지는 언니에게 등록금을 받으러 꼭 회사로 오게 했다. 그 당시에는 아무도 아버지가 왜 그렇게 했는지 몰랐는데 철이 들어 생각해보니 돈 버는 현장을 보여줌으로써 돈 버는 것이 얼마나 어려운가를 가르치려 했던 것이 아닌가 싶다.

아버지는 친구와의 금전관계에 대해 독특한 생각을 지니고 있었다. 내가 대학 다닐 때 가정형편이 좋지 않아 대학에 진학하지 못하고 우체국에 취업한 친구가 있었다. 정확한 액수는 기억나지 않지만 그 친구가 내게 회사에 막아야 할 돈이 있다며 돈을 꿔달라고 한 적이 있었다. 내가 "돈이 없다"고 했더니 친구는 "아버지에게 말해 달라"는 것이었다. 사정이 딱하고 액수도 많지 않은 것 같아 아버지에게 말을 했더니, 아버지는 단호하게 안 된다고 했다.

평소에 남을 도와주는 데 앞장을 섰던 아버지의 그런 반응은 이해할 수 없었다. 아버지는 나에게 "그만큼 돈이 있냐"고 물었다. 내가 대답 대신 고개를 옆으로 저으니 아버지는 "친구와 금전거래를 하지 말아라. 차라리 받을 생각하지 말고 줄 수 있는 만큼 그냥 주는 것이 좋다. 그렇지 않으면 친구 잃고 돈 잃고 하거든" 하고 설명해 주었다.

초창기 회사경영이 어려웠을 때 아버지는 여러 사람들에게 금전적인 도움을 받았고 그 사람들에게 원금과 이자를 모두 갚았다. 그러나 광주에 살고 있었던 어떤 사람은 계속 수소문을 했지만 끝까지 찾지 못했다. 아버지는 그것을 못내 아쉬워했다.

아버지는 인간관계에서 시작을 잘하는 것도 중요하지만 마무리를 잘하는 것이 더 중요하다고 생각했던 것 같다. 내가 대학원을 졸업할 때에는 교수님들을 찾아뵙고 인사드리라고 선물까지 준비해 주었다. 아버지는 화합을 하려면 사리사욕을 뒤로 해야 한다고 믿었던 사람이었다. 금안리(나주군에 있는 여러 마을 중 하나)에는 풍산 홍씨와 하동 정씨가 집성촌을 이루어 살고 있었다. 아버지는 이 두 성 씨가 서로 자존심 때문에 종종 알력이 발생하는 것을 보고 자랐다. 나중에 성인이 되어 아버지에게 취직 추천 부탁이 들어왔을 때, 아버지는 홍씨를 먼저 취직시켜 주었다. "그래야 두 성 씨 간의 갈등이 사라질 수 있다"고 하면서. 아버지의 이러한 가르침들이 인생을 살아가면서 얼마나 주옥같은 것인지 새삼스럽게 느껴진다.

어떤 이상한 교육

아들 승준이가 중학교 1학년쯤 되었을 때다. 학교에서 돌아온 승준이가 가방을 내려놓자마자 내게 말했다.

"엄마, 요즘 왜 이렇게 아빠 얼굴 보기 힘들어요?"

"바쁘시니까 그렇지."

"그래도…."

승준이는 그때까지 '우리 아빠는 늘 바쁜 사람'이라고 생각했다. 아침 일찍 출근해서 밤늦게 퇴근하는 남편에 대해 승준이는 별 다른 불만이 없었다. 그런데 이날은 보통 때와는 달리 크게 낙담하는 눈치였다. 나는 본능적으로 그 아이에게 사춘기가 시작되었다는 것을 감지했다. 가만히 돌이켜 보니 남편은 회사일로 바빴고 승준이와 깊이 있는 대화를 한 지 한참 된 것 같았다.

'지금 내가 이 아이에게 해 줄 수 있는 일이 무엇일까?'

곰곰이 생각해 봤다. 사춘기 남자 아이에게 엄마가 해 줄 수 있는 일은 그리 많지 않았다. 남편에게 "승준이와 대화를 해 보라"고 말해야 되겠다고 생각하는 순간, '당장 대화를 하라고 해서 대화를 할 수 있는 것은 아니지 않은가' 하는 결론에 이르렀다.

아이에게 아빠 역할을 대신할 수 있는 사람이 필요한데 어떻게 하나 하고 고민하던 중, 내가 초등학교 6학년 여름방학 때 아버지가 한 언니를 나와 함께 지내게 했던 일이 떠올랐다. 그때는 식구도 많은데 왜 그 언니가 왔는지 참 궁금했다. 중학교 3학년이던 언니는 나와 함께 공부하고 책도 읽었다. 내가 공부를 하다 모르는 게 있으면 물어 보기도 했다. 언니와 잠도 같이 잤는데 잠자리에서 우린 부모님 흉을 보며 깔깔대기도 했다. 언젠가 그 언니는 말했다.

"나는 네가 부럽다."

"내가 뭘?"

"넌 무남독녀 외동딸이잖아."

"그게 뭐가 부러운데?"

"우리 집엔 형제가 많아서 부모님이 막내딸인 나에게까지 신경 쓸 여력이 없으시거든. 넌 부모님 사랑을 독차지하고 있잖아."

"…?"

나는 그때까지도 내가 외동이라 좋다는 생각은 해보지 않았다. 어머니가 일거수일투족을 지켜보고 있는 것도 숨이 막혔다. 그리고 오히려 나는 부담스러웠다. 사람들이 내 뒤에서 "현희가 아들이었으면 좋았을 텐데"라고 하는 소리를 들을 때마다 내가 아들이 아닌 것이 무슨 죄인 것처럼 느껴졌다. 특히 우리 외할머니가 오셔서 나를 보고 그렇게 말하며 우실 때는 쥐구멍이라도 들어가고 싶었다. 그런 나를 부러워하는 사람도 있다니….

어쨌든 나는 언니와 친해져서 내 고민을 자연스럽게 털어놓게 됐다. 그 언니가 내게 멘토 같은 역할을 했던 것이다.

'아하, 아버지께서 그 언니를 데리고 온 이유가 바로 이거였구나.'

나는 당장 사촌 언니에게 전화를 했다. 대학에 들어가기 전까지 다양한 경험을 한 사촌 언니 아들이 승준이에게 멘토 역할을 할 수 있을 것 같아서였다. 아쉽게도 조카가 바쁘다면서 성균관대에 다니는 동욱이라는 학생을 소개해줬다.

동욱이 학생이 왔을 때 나는 "승준이와 일주일에 한 번씩 놀아주라"고 했다. 그 학생은 아무 영문도 모르고 우리 집에 왔는지 놀라고 황당해 했다. 의외로 승준이와 동욱이는 죽이 잘 맞았다. 농구도 같이 하고 영화도 보러 다녔다. 승준이가 고민도 말하는 것 같았다. '어떻게 하면 공부를 잘할 수 있을까? 어떻게 하면 학창 시절을 잘 보낼 수 있을까?' 하는 이야기를 나누는 듯했다. 더욱 중요한 것은 아빠에 대한 승준이의 불만이 없어졌다는 것이다.

그 일로 인해 나는 '아버지가 나를 이렇게 가르치셨구나' 하는 생각을 했다. 사춘기 때 왜 한 언니를 데려와 나와 같이 지내게 했는지에 대해 당신은 말 한 마디 안 하셨다. 25년이 지나서 나는 아버지의 깊은 뜻을 알게 됐다. 그게 아버지의 교육 방법이었다.

나는 이렇게 아버지의 방법을 모방해 가면서 아이들을 교육했다. 그러다보니 자연스럽게 아이들에게 아버지가 내게 해준 이야기를 자주 하게 됐다. 그중에서 내가 가장 많이 들려준 이야기는 '야구 이야기'였다. 아버지는 평소에 인생과 경영을 야구에 빗대어 말하곤 했다.

"야구 경기를 할 때 보면, 타자와 투수가 맞서 있잖니. 타자가 배트를 들고 공을 치려고 앞에 나갔을 때 상대방 투수는 공을 못 맞히게 던져야 잘하는 것이지 홈런을 치게 하면 결코 잘한 것이 아니잖아. 관중석에서는 상대 응원단이 야유를 하고 포수가 투수와 사인을 교환하여 타자가 오판을 하도록 유도하지만 타자는 그런 속에서도 볼을 쳐 내야 하는 거야. 그때 그 볼이 펜스를 넘어 홈런이 되면 관중들은 타자에 박수갈채를 보내지 않더냐? 세상살이는 타자와 투수의 대결과 같은 거란다. 나와 맞선 상대는 내가 성공하지 못하게 방해하지만 그것조차도 뛰어 넘어야 하는 거란다. 나를 도와줄 사람이 있다고 착각하면 안 된다. 네가 하는 일을 기꺼이 도와줄 사람은 아무도 없단다. 나는 과거 10년 동안도 그래왔고, 지금도 그랬고, 앞으로도 그런 생각으로 살 것이다. 누가 매일경제신문을 도와주지 않거나 누군가 내가 하는 일을 방해한다 해도 하나도 섭섭하게 생각하지 않는다. 어떻게 보면 그들 입장에서는 당연한 일일 것이다. 나는 오히려 그들에게 고맙게 생각한다. 그들의 질타와 자극이 없었다면 나는 지금 이만큼 발전하지 못했을 것이다. 나에게 도움이 되지 않았던 사람과 사건들 때문에 나는 노력했고, 힘썼고 또 그 어려움을 극복했던 것이다."

적자생존

1958년, 스물아홉 살인 아버지는 신문사 취업의 꿈을 안고 고향 나주에서 서울에 올라왔다. 결혼해서 딸(필자)도 낳은 뒤였다. 고향에 아내와 자식을 남겨 두고, 선배의 "취직시켜 주겠다"는 말만 철석같이 믿고 올라온 것이었다. 처음에는 기대하는 바도 있었고 계획도 있었지만 이런저런 사정 때문에 취업이 되지 않았다. 취직하기는커녕 끼니도 연명하기 힘들었다.

"상경하던 해 겨울이었다. 내 기억으론 몇 년 만에 찾아온 추운 겨울이었던 것 같다. 영하 18도 안팎의 날씨였는데 벌벌 떨면서도 먹을 것이 없어서 3일을 굶었다. 속이 비어 있으니 더 추웠다. 어렸을 때 읽었던 소설 《장발장》이 떠올랐다. 빵 한 조각 훔쳐 먹고 수십 년의 징역을 살아야 했던 그가. 배고프면 훔칠 수도 있겠구나 싶었다. 그만큼 배고픈 고통은 무서웠다."

20대 말 기자로 첫발을 내디뎠던 시절.

배고픈 고통은 어떤 것일까? 얼마 전 신문에서 본 기사가 생각난다. 북한을 탈출한 시인 최진이 씨의 인터뷰였다.

"평양에서 추방된 뒤 사나흘씩 꼬박 굶곤 하는 나날이 계속됐다. 이러다 파리 새끼처럼 죽겠구나 하는 공포감이 엄습하더라. 한국에 와 이화여대에서 여성학을 공부할 때 '성매매'를 주제로 토론한 적이 있다. 내가 '북의 여자들이 비록 성매매를 거치더라도 중국이나 한국으로 탈출할 수 있으면 좋겠다'고 하자, 여성학자들이 '말도 안 된다'며 아우성치더라. 그래서 내가 물었다. '야, 너희들이 기아가 뭔지 아나, 배고픔이 뭔지 아나?' 굶주린 사람에겐 정의도, 신념도, 종교도 없다. 아무것도 없다." (조선일보 2011.4.9)

최 시인의 말대로 배고픔의 고통은 정의도, 신념도, 종교도 소용없게 만드는 것일지 모른다. 사흘을 굶는다면 오직 살아야겠다는 본능만 남게 되리라. 엄동설한에 3일 동안 밥 구경을 못한 청년 아버지는 어떤 심정이었을까?

벼랑 끝에서 아버지는 조용히 자신의 내면을 들여다보며 깨달았다. 남 탓만 하면 실패자가 되고 만다는 것을.

"그때 나는 불현듯 이런 생각을 했다. 누군가 돈 100만 원이 있다 치자. 내가 그 사람한테 돈을 빌려 달라고 했을 때 그가 돈을 빌려 주면 나는 그에게 '고맙다'고 할 것이다. 돈을 빌려 주지 않는다면? 나는 상대를 욕하면서 '어디 두고 보자'라고 이를 악물었을 것이다. 상대를 욕하는 마음은 사심이다. 이런 사심을 갖는 한 성공할 수 없다. 이 사회는 선택의 사회다. 그런데 내가 상대를 선택하는 것이 아니라 상대가 나를 선택하는 것이다. 내가 선택되지 못하면 죽게 될 것이고, 내가 선택하겠다고 고집해도 또한 죽게 될 것이다. 사는 길은 오직 하나다. 상대방이, 즉 사회가 나를 필요로 하게 만드는 것, 나를 선택하지 않을 수 없게 만드는 것이다. 그러려면 쉬지 않고 노력하고 공부하는 수밖에 없다."

이 시기에 이미 아버지는 적자생존의 원리를 터득했고, 이 원리는 평생을 두고 삶의 지침이 됐다. 청년 시절의 아버지는, 자기가 마음먹기에 따라 세상이 달라진다는 사실을 알았다. '내가 실력을 가져야 사회가 나를 선택한다'는 깨달음을 얻었다. 선택받기 위해 해야 할 일은 오직 하나, 공부였다.

공부하는 유전자

아버지의 공부에 대한 집념은 아마도 집안 내력일까? 나의 증조할아버지는 나주 향교의 전교(향교의 지도자)를 맡아보았고 호남지방 유림 모임의 계주였다. 당시의 향교는 지방 최고의 교육기관이었고 전교로 선출되는 사람은 학문과 덕성 모두를 갖추어야 했다.

할아버지 정찬서 님도 유학에 능통했던 분이었다. 할아버지의 한문 실력은 나주는 물론 전라남도 내에서도 내로라할 정도였다. 당시 각도에서 한 명씩 뽑는 성균관 경학원에 나주 향교의 추천을 받아 입학할 정도였다. 어릴 적부터 시서에 뛰어났던 할아버지는 늘 "사나이로 태어났으면 나만을 위한 사사로운 일을 하기보다는 민족을 위해 큰일을 해야 한다"고 말을 했다고 한다.

할아버지는 나라를 위해 몸을 바쳐야 할 젊은이들이 도박판에만 매달리는 것을 너무나 애통해 했다. 나라 잃은 설움에 뜻있는 젊은이들은 만주로 독립운동을 떠나던 시절이었다. 1929년에 광주학생운동이 일어났고, 1932년에는 이봉창·윤봉길 의사의 의거가 있었다. 일본은 1931년 만주사변을 일으켜 이듬해까지 만주를 거의 점령했다. 국제사회에서 이를 문제 삼자, 일본은 국제연맹을 탈퇴하고 군국주의로 치닫고 있었다.

국내외로 어지럽고 암울한 시기였다. 나라의 희망이 없어지자 술과 도박으로 나날을 보내는 사람들이 늘어났다. 할아버지가 그들을 찾아가 집으로 돌아갈 것을 권하면 친구들이 물었다.

"이 사람아! 이런 판국에 도대체 무슨 일을 하란 말인가?"

그때 할아버지는 이렇게 말했다.

"공부를 하게. 공부를!"

할아버지는 아쉽게 일찍 돌아가셨지만, 아마도 그분의 기질이 아버지에게 그대로 대물림된 것이 아닌가 하는 생각을 하게 된다.

아버지는 1929년 6월 12일 전남 나주군 노안면 금안리 450번지에서 정찬서 님과 이판순 여사 사이에 2남으로 태어났다.

1977년 안암동 집에서 아버지는 할머니와 함께 사진을 찍었다. 아버지는 할머니께 출근할 때와 퇴근할 때 한 번도 빠지지 않고 절을 할 정도로 효자였다.

아버지 송덕비, 나주 중학교 옆에 자리 잡고 있다.

금안리는 예로부터 전라도 제일의 풍광을 자랑하는 곳이다. 제1 금안, 제2 영암이라는 말이 있을 정도니까. 아버지 생가는 금안리에서도 가장 안쪽, 광곡이라 불리는 곳에 있다. 동으로는 시계가 트여 나주평야와 멀리 무등산이 보이고 남으로는 금성산, 북서쪽으로는 병풍산이 둘러싼 명당이다.

금안리에는 마치 그 마을을 지켜 주는 수호신 같은 표정을 짓고 있는 1,000년 된 느티나무 한 그루가 기세 좋게 서 있다. 그 아래쪽으로는 병풍산 계곡에서 흘러내리는 작은 내 두 줄기가 하나로 모인다. 바로 이곳에 고려 공민왕 시절에 만든 지방문화재 쌍계정이 있다. 쌍계정은 아버지의 마음의 고향이었다. 아버지는 울분이 터질 때 또는 위로받고 싶을 때 이 쌍계정에 와서 미래를 꿈꾸며 마음을 달랬다.

'나도 성공할 수 있어. 나중에 성공하면 사람들을 돕고 살 거야.'

매일경제신문 사장이 되고 나서 아버지는 나주의 지방 문화재로 지정된 경렬사와 쌍계정을 중수하는 데 앞장서서 재정적인 지원을 했다. 나주 지역의 새마을 협의회와 유림단체의 운영기금을 조성해주었고 행사가 있을 때는 수시로 후원하고 격려해 줬다. 아버지는 나주 지역에 내려가 주민들에게 직접 경제 강의를 하기도 했다.

아버지가 어렸을 때 비가 많이 오면 금안리 계곡의 물이 불어 책가방을 머리에 이고 학교에 가는 일이 종종 있었다. 매일경제신문 사장이 되고 나서 어느 해 여름, 아버지는 고향에 내려가 보고 깜짝 놀랐다. 비가 와 물이 불었는데 아이들이 여전히 바지를 걷고 책가방을 머리에 이고 징검다리를 건너가고 있었다. 그 모습을 보고 아버지는 사재를 털어 다리를 놓아주기도 했다.

이러한 아버지의 공적을 기리기 위해서, 1982년 금성시(나주)에 있는 여러 지인들이 뜻을 모아 송덕비를 세워주었다.

될성부른 떡잎

아버지는 다섯 살 때 부친을 여의고 편모슬하에서 자라났
다. 그래서 가난할 수밖에 없었다. 할머니는 무명이나 모시 같
은 옷감을 만들어내는 길쌈으로 살림을 꾸려가며 자식들을 길
렀다. 그분은 스물일곱에 혼자가 되어 50년 동안 오로지 자식
들만을 위해 애쓴 전형적인 어머니 상이었다.

네 살 때 여름의 일이었다. 큰 비가 거쳐 간 뒤, 마을 앞 냇
가의 가장 깊은 곳은 아이들 키를 훌쩍 넘길 만큼 물이 불어나
있었다. 그럼에도 동네 아이들이 냇가에 고기를 잡으러 우르르
몰려 나갔다. 어린 진기도 냇가에 가고 싶었다.

"형아야. 우리도 냇가에 가서 고기 잡자."

"안 돼. 부모님에게 혼나면 어쩌려고?"

"잠깐 가서 놀다 오자."

"…."

"다른 애들도 다 갔잖아. 응?"

냇가에서 아이들 떠드는 소리가 들렸다. 두 살 위의 형도 속으로는 가고 싶었다. 결국 두 사람 냇가에 나가 신나게 고기를 잡았다. 한 시간이나 지났을까?

"너희들 거기서 뭐하는 게냐?"

읍내에서 돌아오시던 아버지의 음성이 들렸다.

"형이 돼가지고 동생을 이런 곳에 데려 오면 어떡하느냐? 물에 빠지면 큰일이다. 얼른 나오지 못하겠니? 얼른!"

형이 자기 때문에 아버지께 꾸중 듣는 것이 미안했던지 네 살배기 꼬마는 울먹이며 말했다.

"아부지, 형을 꾸짖지 마세요. 제가 놀러 나오자고 졸랐어요."

초등학교(당시의 소학교)에 들어간 이후, 이런 일이 있었다. 그때는 학교에서 보내온 통신부를 보고 다시 학교에 돌려보내야 했다. 어느 날 아침, 형이 부산히 통신부를 찾았다. 집안이 발칵 뒤집어졌다. 아무리 찾아도 없자 어머니는 "진기야, 우리 집엔 너밖에 손 댈 사람이 없는데, 네가 손을 댔지?"라며 난리가 났다. 소년 정진기는 아무 말 없이 꾸중을 듣고 있었다. 며칠 후 형이 학교에 통신부를 갖다 낸 것을 알고 어머니는 사과를 했지만 그는 묵묵부답이었다. '이미 지난 일, 내 잘못이 아니면 그만이지 뭐' 하는 표정을 지으며.

중학교에 들어가서 아버지는 형과 함께 자취를 한 적이 있었다. 그는 매일 새벽 4시 30분이면 일어나 아침밥을 지어놓고 형을 깨우곤 했다. 형이 여러 차례에 걸쳐 "밥 하는 건 나한테 맡기고 공부나 하라"고 말렸지만 묵묵히 계속했다. 형이 "왜 말을 안 듣느냐?"고 화를 내자 그는 "형은 우리집 기둥이고 학교도 멀지 않느냐?"면서 그제야 말을 했다.

어린 시절에 아버지를 여읜 그에게 형은 아버지 같은 존재였다. 믿고 의지하는 형을 위해 기꺼이 새벽밥을 차렸으리라.

소학교 6년을 다니면서 그는 없는 살림에 공부를 한다는 것이 얼마나 힘겨운지를 깨달았다. 몇 푼 안 되는 학용품 값과 학교에 내는 월사금을 마련하기 위해서 소년의 어머니는 하루 종일 일을 했다. 어느 날 새벽에 소년이 눈을 떴을 때, 어머니는 피곤한 눈을 비비며 길쌈을 하고 있었다. 그 모습은 평생 소년의 기억에서 지워지지 않았다.

어떻게 해서라도 어머니를 돕고 싶었다. 식구 한 사람이 줄

소학교 5학년 때 아버지의 모습.

면 어머니의 고통이 덜할 것이라고 생각했을까? 소년은 결국 가출을 결심했다. 열세 살 어린 소년은 어디선가 "흥남에 가면 흥남 비료 공장이 있고, 그곳에 가면 취직할 수 있다"는 말을 들었다. 그해 겨울방학 때인 1942년 12월 10일, 그는 아무에 게도 알리지 않고, 짐도 없이 집을 나서 목포까지 걸어갔다. 그 곳에서 목포발 서울행 열차를 탔고 다시 야간열차로 갈아타고 흥남까지 갔다. 추위와 외로움 속에 이틀 밤낮을 굶으며 천릿 길을 간 것이다.

도대체 그는 무슨 생각으로 흥남행 열차를 탄 것일까? 나는 이때의 아버지(소년 정진기)를 생각하면 가슴 한 쪽이 아련히 아 파 온다. 대단하다고 생각하면서도 한편으로는 측은하다. 얼마 나 절실했으면 어린 아이가 일거리를 찾아 집을 나갔을까? 얼 마나 간절했으면 천릿길을 마다않고 떠났을까?

소년 정진기는 무난히 비료 공장에 취직을 했다. 그러나 열 세 살 소년이 할 수 있는 일은 많지 않았다. 돌을 나르고 잔심 부름을 하는 막노동이었다. 요즘 신문이나 방송에서 볼 수 있 는, 아프리카나 동남아시아에서 하루 종일 벽돌을 나르는 어린 노동자들의 모습이 바로 당시 아버지의 모습이었으리라.

한창 집에서 엄마에게 응석이나 부릴 나이가 아닌가? 비료 공장에서 하루 종일 일하고 어른들의 잔심부름을 하며 지내는 내 아버지의 모습이, 에티오피아의 돌 공장에서 입성도 제대로 갖추지 않고 고된 노동을 하는 어린이의 모습과 겹쳐진다. 세상의 모든 고통받는 어린 아이들의 모습과 다르지 않다.

비료 공장의 노동은 고되고 임금은 턱없이 낮았다. 자신의 노력으로 돈을 벌어 생활하면서 학업을 계속하려던 소년의 꿈은 피기도 전에 사위어들었다.

'이건 아니다. 공부하기도 전에 힘들어서 죽을지도 몰라. 이럴 바에는 차라리 집안일을 도우면서 학교에 갈 기회를 보는 게 낫겠다.'

아버지는 다시 고향으로 돌아왔다. 돌아와 보니 집에서는 난리가 났다. 죽었다고 생각했던 아들이 살아 돌아온 것이니 그럴 만도 했다. 돌아온 게 고마워 어머니도, 형도 그를 크게 꾸짖지 않았다. 흥남까지 갔다 왔다는 말에 그저 놀라워했을 뿐.

일본으로 가다

소년은 고향으로 돌아왔지만 달라진 것은 없었다. 여전히 가난만 같이 할 뿐이었다. 희망이 보이지 않았다. 그러던 중 하루는 동네 어른들이 하는 이야기를 듣게 됐다.

"일본에 가면 돈벌이가 많다."

당시 일본은 태평양 전쟁을 일으켜 완전 전시체제에 돌입해 있었다. 1942년, 일본은 인도차이나반도와 싱가포르·인도네시아를 침략하고 중국의 절반, 태평양의 3분의 1을 점령하고 있었다. 그야말로 욱일승천하는 기세였다. 그 전 해에는 하와이 진주만을 기습해 강대국 미국과도 결전을 치르는 중이었다. 소년의 눈에도 일본은 말할 수 없이 큰 나라로 보였다.

'아무리 생각해도 여기는 절망밖에 없다. 일본으로 가자. 거기서 공부도 하고 자립할 길도 찾자.'

소년은 "형은 내가 일본에 가는 것을 반대하지 않을 거야"라고 생각하고 형에게 제일 먼저 말을 했다. 그렇지만 형의 대답은 "형이 공부를 시켜줄 테니 조금만 기다려 달라"는 것이었다. 소년은 더 이상 지체할 수 없었다. 그날부터 소년은 어머니를 시작으로 해서 집안 어른들을 설득하기 시작했다. 한 달 동안 집안 어른들을 설득하고 결국 허락을 받아 냈다. 소학교를 졸업한 소년은 1943년 2월, 현해탄을 건너는 밀항선을 탔다. 비록 빈털터리 신세로 고향을 나섰지만 앞길이 열리는 듯 희망에 부풀었다.

그러나 연고도 없는 무일푼의 소년에게 일본 생활은 만만치 않았다. 아버지는 생전에 일본 시절의 이야기를 잘 하지 않았다. 그만큼 아픈 기억이 많았기 때문이리라.

소년 정진기는 말 설고 낯설고 물 선 객지에 내동댕이쳐진 격이었다. 스스로 선택한 길이었기에 후회도 할 수 없었다. 그는 일본 짚신의 일종인 조리의 부품들을 사서 꿰어 맞추어 완성품을 만드는 일을 주로 했다. 새벽 4시에 일어나 하루 종일 일을 하고 밤이면 등불을 켜고 12시까지 공부를 하는 생활을 반복했다. 조리 만드는 일은 단순한 순서를 반복하는 노동이었다. 이때 얼마나 일을 심하게 했던지 왼손 마디에 못 자국이 생겼는데 평생 지워지지 않았다. 고생이 말이 아니었다. 쪽방에서 자며 하루 한 끼로 때우는 일도 많았다.

　말도 제대로 통하지 않는 이국땅에서, 새벽이면 일어나 조리를 만드는 소년이 있었다. 오전 열 시쯤 겨우 물에 밥을 말아 한 끼를 먹고 또 조리 만드는 일에 매달렸다. 오후 4시, 만들어 놓은 조리를 들고 부지런히 시장에 나가 신발 가게에 넘겨주고 일당을 받았다. 시장에서 국밥으로 저녁을 해결하고 시내의 야간 학원에 들렀다. 학원에서 공부를 마치고 쪽방으로 돌아오면 10시. 이때부터 그날 배운 일본어와 수학 과목을 복습했다.

　바쁜 벌은 슬퍼할 새가 없다던가? 소년 정진기는 자신의 처지를 한탄할 시간도 없었다. 모진 고생을 하며 하루하루를 보내면서도 늘 '더 나은 미래가 올 것'이라는 생각을 버리지 않았다.

　해가 바뀌어 1944년 말이 되자, 일본의 상황은 악화되었다. 태평양 전쟁에서 패전을 거듭하면서 모든 일본인들은 내핍생활을 했다. 미국이 자국에 전쟁을 건 일본에 대해 무역봉쇄조치를 취하자 일본 내에 전력 공급이 끊겼다. 비행기가 있어도 띄우지 못할 판이었다. 소나무 껍질까지 벗겨내서 전선戰線으로 보내던 시절이었다. 무일푼의 조선 소년에게 일본은 더 이상 기회의 땅이 아니었다.

　전쟁 말기의 불안한 상황의 일본에서 생활하는 아들이 걱정된 모친은 귀국하라는 편지를 보냈다. 결국 소년 정진기는 1944년 11월에 2년 가까운 일본 생활을 마치고 고향으로 돌아왔다.

바구니를 불 지르고

1945년, 해방이 되고 형이 먼저 중학교에 입학했다. 정진기 소년은 자기도 학교에 가고 싶었다. 그러나 가정 형편 때문에 중학교에 갈 수 없었다. 이때 그는 집 뒤에 자란 대나무를 잘라다 죽제품을 만들어 내다 팔았다. 손재주가 있어서 바구니며 주방용 기구인 조리를 잘 만들었다. 시장 상인들도 날짜를 꼬박꼬박 지키는 그를 좋아했다. 한번은 친척 분이 와서 며칠을 머물렀는데, 밤늦도록 바구니를 짜는 그에게 "이제 그만 자라"고 했다. 이때, 소년은 이렇게 말했다.

"먼저 주무십시오. 저는 이걸 다 마쳐야 해서…."

"해 떨어진 지 오랜데, 내일 아침에 일어나서 하지 그래?"

"이렇게 해도 장날까지 목표한 만큼 물건을 만들기가 벅차서요. 제 걱정은 말고 먼저 주무세요."

그는 나주에서 짠 대바구니를 목포 장에 가서 팔고, 목포에서 소금을 사와 나주에서 팔았다. 마치 무역이 뭔지 알았던 사람처럼.

이듬해 2월의 어느 날이었다. 그는 툇마루에 앉아 대바구니를 짜고 있었다.

"어이, 진기! 잘 있었는가?"

동네 친구 한 사람이 지나며 그에게 말을 붙였다.

"응, 어디 가는가?"

"읍내에 교복 맞추러 가구먼. 나도 이제 중학생이 되는 것이여. 하하."

"…."

"나는 감세."

친구의 웃음소리가 멀어져갔다. 중학생이라는 말에 망치로 머리를 얻어맞은 것 같았다. 그는 넋 나간 사람처럼 한참을 멍하니 앉아있었다. 정적이 밀려왔다. 갑자기 불길한 생각이 들었다.

'내 인생은 여기서 끝장나는 것일까? 언제까지 이렇게 바구니나 짜고 있어야 하나. 공부는 언제 하나!'

그의 눈에서 불꽃이 튀었다.

'안 되겠다. 이러다간 죽도 밥도 안 돼!'

짜고 있던 바구니를 마당으로 집어 던졌다. 그동안 만들어 놨던 죽세공품도 몽땅 내놓았다. 그리고 불을 질렀다.

"진기야! 뭐하는 짓이냐? 너 실성했냐!"

어머니가 들어오며 소리쳤다. 어머니는 우물가에서 물을 떠와 끼얹었다.

"그냥 두세요. 그냥 두시란 말이에요!"

"어서 불 끄지 못해!"

"바구니만 짜고 있으면 난 언제 공부하게요? 나도 형처럼 공부할 거란 말이에요!"

"뭐?"

"나도 이번엔 학교에 갈래요. 나주 중학교에."

"…."

"그동안 바구니와 소금을 팔아 돈을 조금 모아 놨단 말이에요."

"진기야…."

어머니는 눈물을 훔쳤다. 큰 아이가 중학교에 다니는데, 작은 아이까지 보낼 형편이 못 되어 늘 가슴이 아팠다. 소년은 말없이 타오르는 바구니를 바라봤다.

얼마 뒤, 그는 부푼 꿈을 안고 막 문을 연 나주 민립중학교

나주 중학교 1학년 C반의 친구들과 함께한 아버지(중앙 뒤편).

에 들어갔다. 일본에서 주경야독한 덕분인지 중학교 1학년 때 그는 평균 98점의 성적으로 전교생 중 1등을 했다. 중학생 정진기는 집에서 학교까지 7킬로미터를 걸어 다니며 통학했다. 길고 긴 통학길도 그에겐 소풍길 같았다. 학교에 갈 때는 배울 내용을 떠올려 보고, 학교에서 돌아 올 때는 오늘 배운 것들을 되새겼다.

1947년 10월의 어느 날, 가을바람이 불던 교정에서 웅변대회가 열렸다. 세 번째 연사로 등단한 소년은 '동해물과 백두산이 마르고 닳도록'으로 시작되는 애국가를 큰 소리로 한 소절씩 읊었다. 그리고 그 속뜻을 차례대로 풀어나갔다. 중학교 2학년 학생이 생각해 낸 것이라고 믿기 어려운 깊은 내용이었다.

웅변이 끝나자 박수가 터졌다. 박수가 잦아들 즈음, 누군가가 벌떡 일어나 '동해물과 백두산이 마르고 닳도록'으로 시작되는 애국가를 부르기 시작했다. 곧 이어 모든 학생들이 일어났다. 애국가는 4절까지 이어졌다. 소년 정진기도 애국가를 따라 불렀다. 그의 눈에는 눈물이 흘러 넘쳤다. 웅변대회를 구경하던 마을 사람들은 단상의 소년을 보고 말했다.

"저 놈은 반드시 크게 될 거구먼."

"그러게. 아주 똘똘하네그려."

웅변대회가 끝나고 결과가 발표됐다.

"1등, 정진기!"

교편을 잡다

    소년 정진기는 나주 중학교를 다니다 2년 만에 그만두었다. 계속 공부할 여력이 없었다. 1948년 당시는 정부가 설립되기 전인 미군정 치하라 모든 것이 자리를 잡지 못한 채 어수선했다. 초등학교에 학생들이 몰려들었지만 교사가 턱없이 부족했다. 그 때문에 선생님들의 추천을 통해 중학교 졸업에 준하는 학력을 가진 사람을 임시 교사로 채용했다. 어느덧 만 19세가 된 청년 정진기는 나주 중학교 선생님들에 의해 우수학생으로 천거를 받아 삼도 서三道西국민학교 임시 교사 자리를 맡게 됐다.

    정진기 청년은 임시 교사가 된 지 얼마 되지 않아 교원시험을 봐서 합격, 정식 교사 자격을 얻었다. 정진기 선생은 삼도 서국민학교 근처의 교회 장로 댁에서 자취생활을 하며 교사 업무를 시작했다. 그의 자취 집 문 앞에는 갓 따온 사과며 배, 감자 같은 것들이 놓여 있곤 했다. 품성 좋고 예의 바른 총각 선생님을 사위 삼으려는 학부모들이 보낸 것들이었다.

곧 그는 삼도 서국민학교에서 교장 직무 대리까지 맡아 보았다. 1950년 봄, 그는 큰 위기를 넘긴다. 전라남도 일대가 군과 경찰과 빨치산들의 대결로 아비규환이던 시절이었다. 빨치산들 중에는 지역의 토박이들도 있었다. 알음알음으로 연결해 보면 먼 친척도 있었고 아는 사람도 있었던 그런 상황이었다. 빨치산들이 마을을 점령하면 사람들은 그들을 도울 수밖에 없었다. 그리고 군인이나 경찰이 다시 마을을 되찾으면 또 군경에 협조해야 하는 상황이었다.

그 와중에 정진기 선생은 무장 공비의 습격을 받았다. 교장 직무 대행이란 이유로 끌려가 죽도록 구타를 당했다. 무장 공비들의 감시가 소홀한 틈을 타서 그는 죽기 살기로 뛰어 탈출을 했다. 뒤에서는 총소리가 들리고 "서라"는 고함이 들리는데 그는 깨지고 넘어지면서 무조건 달렸다. 다행히 공비들은 더 이상 뒤쫓지 않았다.

그가 죽을 고비를 넘기고 살아온 지 며칠 되지 않아 삼도 서국민학교는 폐교 명령을 받고 문을 닫았다.

'차라리 이참에 선생 노릇을 그만둘까?' 하고 생각한 며칠 뒤 그는 함평의 해보국민학교로부터 전근 명령을 받았다. 전근 명령을 받던 날, 그는 그만둘 때는 그만두더라도 선생 노릇을 제대로 하겠다는 결심을 하고 해보국민학교로 갔다.

전근 첫날부터, 정진기 선생은 아침 일찍 출근했다. 빗자루를 들고 학교 앞을 쓸고 교무실을 정리하고 잡일도 맡아 했다. 학교에서 필요로 하는 일이라면 무엇이든 했다. 급사 일에서 교장 일까지. 그는 학교 일을 자신의 일처럼 여겼다. 이 일은 내가 할 수 있는 일이고 저 일은 내가 할 수 없는 일, 이런 구분이 없었다.

아버지는 학생들을 자기 아이인 듯 생각했다. 열의를 다해 아이들을 가르쳤다. 학생 집에 일일이 가정 방문을 해서 어려운 아이들에겐 조금이라도 도움을 주고자 했다. 자기 자신이 학교에 다니면서 너무 많은 고생을 했기 때문에 가난한 아이들의 형편이 남의 일 같지 않았다.

무릇 선생이라면, 그래야 하지 않을까? 학교를 아끼고 학생을 사랑해야 하지 않을까? 곧 해보국민학교의 교사들과 학부모들 사이에 그는 '성실한 선생님'으로 통하게 됐다.

그러나 교사는 그의 운명이 아니었는지 열정적으로 교사 생활을 한 지 한 학기도 못 되어 한국전쟁이 터졌다. 서울에서 교사 생활을 하던 형이 귀향해서 그에게 말했다.

"북한군이 무서운 기세로 남하하고 있다. 어서 피난을 가라."

교사 정진기는 고개를 저었다.

"학교를 놔두고는 아무 데도 가지 못합니다."

"무슨 소리야? 지금 학교가 문제냐? 어서 어머니 모시고 부산 쪽으로 가."

"다른 사람 다 피난 가도 나는 못 갑니다."

"학교는 교육위원회에서 알아서 정리할 거야. 그러니 어서 몸을 피해. 안 그러면 죽는다."

"그럼 교육위원회 사람이라도 만나서 학교 일을 다 처리하고 가겠습니다."

형은 아우의 고집을 막을 수 없었다. 교사 정진기는 결국 전쟁의 와중에 교육위원회 사람을 만나 학교의 상황을 설명하고 모든 서류를 인계한 뒤에야 해보국민학교를 떠났다.

결혼, 천생연분

한국전쟁 중이던 1952년 봄에, 그에게 중매가 들어왔다. 고흥에 사는 열여덟 살 처자 이서례. 그는 설레는 마음을 안고 그녀를 만나러 갔다. 처자는 참하고 고왔다. 청년은 순종적인 처자의 모습이 무척 마음에 들었다. 이서례 양도 청년 정진기를 보고 한눈에 반했다.

"그 양반을 처음 보고 참 잘 생겼다고 생각했어. 물론 얼굴을 똑바로 보지는 못했고 고개를 숙이고 있다가 슬쩍 곁눈질해서 보니, 눈에서 광채가 나고 똑똑해 보였거든. 뭔가 해낼 것 같은 눈빛이었고, 그 눈을 보는 순간 가슴이 콩닥콩닥거렸지."

청년이 돌아가고 나서도 처녀는 자꾸 그의 얼굴이 떠올랐단다. 첫 선을 보고나서 며칠 뒤에, 처녀는 꿈을 꿨다.

"울긋불긋 오색찬란한 용이 하얀 두루마기를 입은 사람을 태우고 마을로 들어 왔어. 사람들은 용이 무서워 다 도망을 갔는데, 나는 용이 하나도 무섭지 않더군. 글쎄 두루마기를 입은 사람을 가만히 보니까 많이 낯이 익은 얼굴인 거야. 용은 그분을 태우고 기와집 위로 올라갔고 용 비늘이 어찌나 빛나고 예쁘던지 나는 그 용을 따라 갔지. 그분이 용에서 내려 어느 번듯한 기와집 지붕 위에 서 있었지 않겠어. '멋진 분이다'라고 생각했는데, 어느새 나도 그분 옆에 서 있는 거 있지. 옆에서 얼굴을 자세히 보니, 얼마 전 선을 보러 오신 그 양반인 거야. 부끄러워 고개를 돌리는데, 꿈이 깼어."

이서례 양은 꿈을 꾸고 나서 '아마도 정진기 그분과 결혼할 운명인가 보다' 하고 생각했다.

두 사람은 1953년 1월 10일 결혼했다. 신혼살림은 신랑의 생가인 노안면 금안리 450번지 건넌방에 차렸다. 그때 생가에는 할머니, 홀어머니와 형님네 식구가 살고 있었다. 더부살이의 신혼이었지만 두 사람은 알콩달콩 꿈을 키웠다.

그러는 사이 전쟁은 휴전이 되었고 1년 뒤, 딸(필자)이 태어났다. 이때 아버지는 여수일보 광주 주재 기자로 재직하고 있었다. 그러나 수입도 변변치 않았고 하는 일마다 뜻대로 잘되지 않았다. 어머니는 나주와 친정 고흥을 오가며 나를 길렀다.

아버지는 가장 노릇을 못하는 것이 못내 마음에 걸렸다. 어머니에게 당신의 그런 마음을 편지로 전했다.

현처에게

모든 애로가 행복을 가져오는 기본이 된다면 그 고생을 극복해야 한다는 것은 새삼스레 내가 말할 필요도 없을 것입니다. 그것은 사랑하는 현처의 지나온 수양에서 충분히 이해하기 때문입니다. 우리들의 운명은 곧 광명으로 돌진하여 가고 있는 것입니다. 만약 그렇게 된다면 그 성과는 오직 현처에게 있는 것입니다. 나는 현처의 모든 정성이 곧 큰 행복의 봉홧불을 하늘 높이 올릴 것을 기대하면서 이만 줄입니다.
부디 건강하소서.

졸부로부터

어머니에게 아버지의 편지가 유일한 위로였던 어느 날, 아버지로부터 "할 애기가 있으니 광주역으로 오라"는 전갈이 왔다. 어머니는 한시라도 빨리 아버지를 보고 싶었다. 약속시간

보다 일찍 광주역에 도착해서 시간이 남아 서성이고 있었는데 역 광장 구석의 한 점쟁이가 느닷없이 어머니에게 말했다.

"북쪽으로 가면 대성이야."

"네?"

"지금 자네 신랑 말이여."

"그럴까요?"

"글쎄. 내 말대로 하라니께. 복채나 더 내놓고."

잠시 뒤에 아버지가 황급히 오더니 이렇게 말했다.

"당장 서울로 올라가야 할 것 같소."

어머니는 속으로 점쟁이의 말을 떠올리면서 이렇게 대답했다.

"저도 바라던 일이에요. 서울에 가시면 모든 일이 다 잘 될 거예요."

어머니의 당찬 대답에 아버지는 놀라서 물었다.

"당신 괜찮겠소? 현희는?"

"우리는 걱정 말고, 어서 가세요."

어머니는 나중에 서울에 올라오자마자 바닷물이 콸콸 쏟아져 나와 넓고 네모반듯한 염전을 뒤덮는 꿈을 꾸었다. 바닷물이 많아야 소금이 만들어지는 것 아닌가? 어머니는 이때 '모든 게 잘 되겠구나' 하고 생각했단다.

서울에 올라온 뒤에 어머니는 자연유산을 하고 자궁 외 임신을 하는 등 몸이 많이 허약해졌다. 그래서 나 말고 아이를 더 보지 못했다. 그렇게 아팠지만 아버지만 들어오면 '언제 아팠나' 싶게 일어나 있었다. 어머니는 아버지에 대한 사랑을 다음과 같이 전하고 있다.

"퇴근 무렵엔 축대에서 내려다보이는 안암동 로터리 쪽을 보고 아버지를 기다리곤 했지. 그때 로터리 쪽 골목에 아버지의 그림자가 살짝 비쳐도 가슴이 두근두근 했어."

내가 "도대체 언제까지 가슴이 뛰었어요?" 하고 물어 보니, 결혼하고 10년이 지나도 설렜다고 한다.

아버지는 낭비하는 걸 싫어했다. "오징어 한 조각 먹고 싶은데, 오징어 있소?" 하면 어머니가 "있다"고 해야 먹지, "없는데 사올게요" 하면 놔두라 했다. 그래서 어머니는 어떻게 하면 아버지가 먹고 싶은 것을 먹게 할 수 있을까를 연구한 끝에 일단 무조건 "있다"고 대답하기로 했다고 한다. 그때부터 아버지가 "오징어 한 쪽만 먹으면 좋겠다"라고 하면 어머니는 "있는데 갖다 드릴게요" 하고 얼른 가게로 뛰어가 오징어를 사왔다.

한번은 아버지가 "출출한데 백설기 한 조각이 먹고 싶네"라고 한 적이 있었다. 어머니는 이때도 "네"라고 답하고 나서 바가지에 물과 쌀을 넣어 방앗간으로 갔다. 가는 동안 쌀을 불리기 위해서였다. 그 불린 쌀로 방앗간에서 방아를 찧어 와서는 들통에 넣고 쪄서 백설기를 만들어 내왔다. 책을 읽고 있는 아버지 앞에 김이 모락모락 나는 떡을 내놓자, 아버지가 물었다.

"아니, 이거 금방 한 떡인가 보네?"

"떡 드시고 싶다고 그러셔서…."

아버지는 떡을 한 점 집어 먹으며 말했다.

"당신은 제트기보다도 빠르네 그려."

어머니는 슬그머니 미소를 지었다. 어머니는 아버지를 위해서라면 지극정성이었다. 겨울 아침에 일어나보면, 아버지 양말은 따뜻한 아랫목에, 구두는 아궁이 옆에 놓여 있곤 했다. 아버지가 출근할 때면 어머니는 얼른 양말을 꺼내 드리고 구두를 가져왔다. 어머니는 아버지 돌아가시기 전까지 아버지 뒷바라지하는 재미로 살았다.

어머니는 "매일경제신문을 창업한 뒤에는 더욱더 아버지 얼굴을 볼 시간이 없었다"고 아쉬워했다. 아버지가 출장을 가면 도배하고, 아궁이 고치고, 이사도 혼자 다 했다. 아버지가 이삿짐 하나 나르지 않았고 못 하나 박지 않을 정도로 어머니는 완벽하게 다 해 놓았다. 아침에 이사 가면서 아버지가 "어디로 가면 되느냐"고 묻기만 하면 될 정도였다.

아버지가 신문사 창간 10년째 되는 1976년 크리스마스 전

1976년 크리스마스 전날 미도파백화점에서 아버지와 어머니의 행복한 한때.

날 어머니에게 "저녁 6시에 미도파백화점으로 나오소"라고 말한 적이 있었다. 어머니가 약속 장소로 나가니, 아버지는 이렇게 말했다.

"그동안 당신이 고생했는데 해준 것도 없어서 미안하오. 오늘은 뭔가 선물을 해주고 싶네."

그날 아버지는 어머니에게 반지, 시계, 한복 한 벌을 사 주었다. 한바탕 쇼핑을 하고 나서 층계를 내려오는 중에 돈을 받고 사진을 찍어주는 사진사가 부모님 모습을 찍어줬다. 어머니는 이때 찍은 사진을 아직까지 책상머리에 놓아두고 있다. 당신 일생 중에 가장 행복했던 때의 기억이라고 하면서…. 사진 속의 어머니는 활짝 웃고 있고 아버지는 중후한 중년의 멋이 엿보인다.

아버지가 돌아가시기 몇 달 전에 어머니가 수술을 받은 적이 있었다. 물론 아무도 건강이 그렇게 나쁜지는 몰랐지만 아버지 몸 상태도 좋지 않았을 때였다. 그럼에도 아버지는 열흘 동안 하루도 안 빼고 아침저녁으로 병원에 가서 어머니를 위로해 줬다. 어머니는 그러한 아버지를 생각하면서 아직도 괴로워하고 있다.

"죽음을 눈앞에 두고 있던 분이 나에게 그렇게 따뜻하게 해주신 걸 생각하면 지금도 죄책감이 들고 눈물이 나."

어머니는 아버지가 타계하신 뒤에 몇 년 동안 매일 아버지 산소에 갔다. "금방이라도 무덤을 열고 다시 살아오실 것 같아서" 그랬단다. 최근까지도 어머니는 적어도 2~3주일에 한 번은 아버지를 보러 산소에 간다.

"산소에 가지 않고 일주일을 넘기면 불안하고, 2주일을 넘기면 초조해서 못 견디겠더라. 무슨 일이 있어서 3주를 넘기게 되면 그 양반이 꿈에 나타나거든. 그럼 더 버티지 못하고 바로 산소에 가는 거지."

어머니는 매월 음력 초사흘이 되면 떡 세 시루를 만들어서 회사에 보낸다. 그러면 회사에서는 이 떡으로 고사를 지내고 사원들끼리 나눠 먹는다. 어머니는 지금은 사원들이 많아져서 다 나눠 먹지는 못하지만 옛날에는 모든 사원들이 그 때를 기다렸다고 한다. 매일경제신문이 창업된 이후 무려 44년 동안 이 일을 해왔다. 연세도 있고 힘드시니 그만하라고 해도 "내가 회사를 위해 할 수 있는 일은 이것밖에 없다"고 말한다. 아버지가 오로지 매일경제신문만을 위해 전념할 수 있었던 배경에는 어머니가 있었다.

2장

사회가
나를 선택한다

나는 추위와 배고픔에 시달리고 나서 크게 깨달았다.

내가 실력이 있어야 상대가 나를 인정한다는 것이다.

이런 깨달음 뒤에 내 생활양식은 180도 바뀌었다.

상대방이 나를 알아줄 때까지 성심성의를 다하는 것도 그중 하나다.

매정한 현실

아버지는 결혼을 하고 나서 얼마 뒤, 검정고시를 거쳐 조선대 법학과에 입학했다. 사법고시를 준비하기 위해서였다. 낮에는 직장에 다니고 밤에는 공부를 하는 주경야독의 생활, 이런 일상은 운명처럼 언제 어디서나 아버지의 인생을 따라다녔다. 고시 공부를 할 때는 단 하루도 어머니보다 먼저 자는 법이 없었다. 그러나 고시 공부와 직장 생활이라는 두 마리 토끼를 잡는 것은 결코 만만치 않았다. 둘 다 뜻대로 되지 않을 즈음 그에게 뜻밖의 제의가 들어왔다.

1958년 봄, 제4대 민의원 선거 공고가 나고 얼마 뒤였다. 재선을 위해 선거운동을 하고 있던 자유당의 J 모 의원이 하루는 아버지를 찾아왔다. 선거 때 지원 유세를 해달라는 부탁이었다. 아버지는 지원 유세를 성심성의껏 해줬다. 나주에서 만난 먼 친지는 아버지에 대해서 이렇게 회고했다.

"1950년대 말 국회의원 선거 때 J 씨가 출마를 했는데 정진기 사장이 지원 연설을 하면서 다녔지요. 그때는 정말 대단했어요. 학교 마당에 사람들이 엄청 몰려들었으니까. 정진기 사장이 연설을 잘한다는 소문이 자자했었거든. 정작 국회의원보다 더 인기가 있었지. J 씨도 물론 잘난 분이었지만 어쨌거나 정진기 사장이 J 씨 국회의원 되는 데 도움을 많이 줬지. J 씨는 그때 정 사장한테 기자가 되게 해주겠다고 약속하고 서울로 올라갔어요."

1958년, J 의원이 서울로 올라가고 나서 얼마 뒤에, 스물아홉 한창 나이인 청운은 자신의 호 그대로 청운의 꿈을 안고 서울로 올라왔다. 단 며칠 분의 하숙비를 안고 상경했지만, 큰 뜻을 펼치겠다는 계획이 있었고, 현직 국회의원이 취직을 시켜주겠노라고 약속을 했기에 희망이 있었다.

'곧 취직이 되고, 직장에서 열심히 한다면 살길은 열리겠지. 그렇게 인정을 받고 터전을 굳힌 다음 가족을 서울로 불러와 함께 살면 되리라.'

그는 가족을 불러 오기까지 짧으면 3개월, 길게는 6개월이면 족하리라 생각했다. 그러나 서울 생활은 만만치 않았다. 자유당 정권의 말기적 증상이 나타나면서 4대 민의원 선거 후유증으로 민심이 요동치고 있었다. 진보당 사건과 선거 소송, 보안법 파동으로 정국이 격랑 속으로 빨려 들어가고 있었다. 민간 항공기 납북 사건과 연이은 간첩 사건으로 안보 사정도 불안했다. 경제 사정은 더 말할 것이 없었다. 보릿고개가 여전했고 여기저기서 노동 쟁의가 끊이지 않았다. 이런 와중에 청운은 J 의원을 찾아갔다. J 의원은 아버지를 보자마자 먼저 본인의 상황이야기를 꺼냈다.

"자네도 알다시피 요즘 사정이 참 어렵네. 조만간 내가 한번 애써 봄세. 조금만 기다려 주게."

J 의원은 그 말뿐이었다. 취직 약속은 실현되지 못했다. 생활비도 다 떨어진 아버지는 막막한 현실의 벽에 부딪혔다. 기댈 곳도 가진 것도 없는 시골 청년이 갈 곳은 막노동판뿐이었다. 그는 중앙시장 건설현장을 찾아갔다. 하루 일을 마치고 나자 다리가 후들거리고 등줄기가 쑤셔댔다. 그는 이를 악물고 고통을 참았다.

'여기가 바닥이다. 힘들지만 한 발 한 발 오르는 수밖에 없다. 여기에서 쓰러지면 끝이다.'

일주일 동안 쉼 없이 일을 했지만 그는 공사판에서 쫓겨났다. 체력이 고갈되어 제대로 걷지도 못할 정도였기 때문이다.

크게 돈이 들지 않는 일을 생각하다가 담배 좌판대를 들고 광화문 네거리 국제 극장 뒷골목으로 갔다. 고학생들이 모여 담배를 파는 곳이었다. 이때, 고향사람을 만나기도 했고, J 의원과 마주치기도 했다. 가끔 아는 사람들이나 J 의원이 청운에게 "거스름돈은 됐다" 하면 그때마다 아버지는 한사코 받기를 거부했다.

"이게 내 생활이고 장사요, 내 것 팔아준 것만으로도 고마운데 무슨 웃돈을 받겠습니까? 마음만 받겠으니 다음에도 제 담배를 사 주십시오."

동정받자고 하는 일이 아니라 생존 수단으로 하는 일이었다. 일한 만큼 받으면 그뿐이었다. 이런 생각 때문인지 아버지는 복권을 싫어했다. 언젠가 사촌 언니가 산 복권을 보고 찢어 쓰레기통에 집어 던지면서 "인생은 공짜가 없는 것이다. 요행이나 바라선 안 돼"라고 호되게 꾸짖었다.

상경 직후의 어려운 시절에 대해 아버지는 이렇게 말했다.

"나는 추위와 배고픔에 시달리고 나서 크게 깨달았다. 내가 실력이 있어야 상대가 나를 인정한다는 것이다. 이런 깨달음 뒤에 내 생활양식은 180도 바뀌었다. 상대방이 나를 알아줄 때까지 성심성의를 다하는 것도 그중 하나다."

아버지는 매일경제신문을 창간한 뒤에도 가끔 광화문 네거리 국제극장 뒷골목을 찾아 갔다. 특히 어려운 일에 부딪힐 때면 그 옛날 담배를 팔던 때를 회상하며 다시 결심을 다지고 용기를 얻곤 했다. 지금은 동화 면세점 자리가 된 그곳은 아버지에게 인생 공부를 시켜준 곳이 아닌가 싶다. 아버지는 거기서 논어에 나온 구절을 되뇌었다.

'인부지이불온 불역군자호人不知而不慍 不亦君子乎. 남이 나를 알아주지 않아도 성내지 않으면 군자가 아니겠는가?'

당신은 세상을 떠나기 며칠 전에도 광화문 뒷골목에 차를 대고 30분 가까이 눈을 감고 있었다고 한다. 무슨 생각을 했을까? '내가 이렇게 가면 안 되지'라고 했을까? '그때 고비가 마지막인 줄 알았더니 더 큰 산이 날 기다리고 있었다니'라고 했을까? 아니면 '앞으로 매일경제신문의 운명은 어떻게 되는 것인가'라고 했을까?

기자로 첫발을 내딛다

아버지가 상경하고 나서 생각보다 길어진 이별에 어머니는
불안했다. 혼자서 고생하는 아버지 생각에 마음도 아팠다. 어
머니는 아버지에게 "토굴 생활을 해도 좋으니 함께 고생하자"
고 편지를 보냈고 아버지는 이렇게 답장을 썼다.

사랑하는 현처 앞

저번에 보내주신 편지는 잘 받아 보았습니다.
요사이 일기가 고르지 못한데 부모님께옵서도 일향
만강하시며 집안이 고루 무고하신지 모르겠습니다.

오늘은 정말 희망에 가득한 새해의 초하루입니다. 아무쪼록 복 많이 받으셨기를 충심으로 기원합니다. 대략 적을 말은, 쉽게 상경하기를 부탁합니다. 이 편지를 받은 즉시 언제 무슨 차로 올라온다고 답하여 주십시오. 편지와 올라오는 시간은 적어도 3일 여유는 있어야 할 것입니다. 만약 내가 출장 가는 때라면 곤란하기 때문에….

올라올 때는 너저분한 짐짝은 소용없고 간단히 마련하여 올 것이며 설 떡은 잊지 말고 가지고 오시오. 나주에서도 이 소식을 내일쯤은 알 것입니다. 인편에 부탁하였으니까.

그러면 답장을 기다립니다.

정월 초하루
졸부로부터

어머니는 너무 기뻤다. 상경하는 어머니의 걸음걸이는 가벼운 짐만큼이나 경쾌했다. 우리 가족은 다시 모였다. 비록 단칸방이었지만 오랜만에 식구가 함께 하니 아버지는 힘이 났다.

아버지는 부인이 해주는 따뜻한 밥을 먹을 수 있어서 고마웠다. 가끔 아내가 딸에게 입힐 스웨터를 짜고 있으면 옆에 와서 도와주기도 했다. 딸을 위해 뭔가를 해 줄 수 있다는 사실만으로도 기뻐했다. 비록 가난했지만, 이때가 아버지에게는 가장 행복한 시절 중 하나였으리라. 이후 아버지는 타계하기 전까지 힘든 일이 있을 때면 늘 어머니의 손을 마주 잡고 이렇게 말했다.

"상경할 때의 초심을 잃지 마세. 그래야 사람이지 않겠는가?"

안정적인 직장을 구하려고 백방으로 알아보던 아버지는 1959년 2월, 주간행정신문사에 입사했다. 그 당시 주간행정신문은 거의 존재감도 없는 신문이었지만, 당신은 최선을 다했다. 입사한 지 얼마 되지 않아 체신부에 출입하게 되자 아버지는 특유의 친화력으로 사람들을 대하며 성실하게 취재했다. 그는 처음 취재기자 생활을 하면서부터 원칙을 세웠다. 그중 하나는 "특종이라 해도 남에게 피해를 주는 기사는 쓰지 않는다"는 것이었다.

66 　당시 정진기 기자는 항상 인자한 표정으로 생글생글 웃으며 기삿거리를 열심히 찾아 다녔다. 나는 무엇이든 정 기자가 물어보면

거절하지 못하고 아는 대로 술술 일러주곤 했는데, 이는 그가 풍기는 호인상, 즉 악의 없는 표정 때문이었다.

그러나 무리한 질문도 아니고 극비사항도 아닌 것을 물어보는 것이 통례였으며, "입장이 곤란하면 답변을 하지 않아도 좋다"는 말도 잊지 않았다. 그는 어떤 경우에도 취재원을 난처하게 만드는 경우가 없었다.

그 후 정 기자의 출입처 변동 때문에 필자가 재무부로 자리를 옮기고 오랫동안 만나지 못했다. 1964년 재무부 이재국장으로 재직하고 있을 때였다. 고액 대출자 명단이라는 것이 신문에 보도되었다. 지금 생각하면 대단치 않았으나 당시엔 정부로서는 알려지면 곤란한 내용이었다. 나는 실무자로 정보 유출에 대한 책임을 지고 한직으로 물러났다.

어느 날, 예고도 없이 수년 만에 정 기자가 불쑥 나타나서 나를 명동 뒷골목으로 끌고 가 점심을 사 주는 것이었다. 그러고는 헤어질 때 이렇게 말했다.

"인간만사 새옹지마 아닙니까? 당분간 여기서 정신을 가다듬고 몸과 마음의 피로를 풀고 있으면 김 선배에게 다시 기회가 올 겁니다."

진실한 친구는 어려울 때 우정이 더욱 두터워진다고 했다. 나는 그때 정 기자의 그 말 한마디가 그렇게 고마울 수 없었다. 그

때문에 나는 그를 평생 잊지 않고 있는 것이다.

-김원기 전 부총리, 《특근기자》

　직업의 종류가 많지 않았던 그 당시 기자들은 엘리트이면서 사회의 목탁 노릇을 한다는 자부심이 대단했었다. 이런 자부심이 지나쳐 자만심이 되기도 했고, 일부 기자는 출입처의 약점을 잡고 늘어지면서 자신에게 유리한 상황을 만들어 내기도 했다.

　아버지는 그저 매사에 겸손하고 정직하고자 했다. 진지하면서도 진실하게 다른 사람을 대했다. 곧 그는 체신부 수장인 곽의영 장관의 주목을 끌게 됐다. 얼마 뒤 장관이 지방 출장을 가게 되었을 때, 쟁쟁한 일간지 기자들을 제치고 수행 기자로 선정되기도 했고 체신부에서 주간행정신문을 1,000~2,000부씩 구독하도록 해주기도 했을 정도였다.

　아버지는 주간행정신문에 입사한 다음 달에 국학대학 상경학부 경제학과에 입학했다. 국학대학은 위당 정인보가 학장으로 있으면서 국학 진흥을 위해 애썼던 학교인데 나중에 고려대에 통합되었다. 그는 야간에는 국학대학을 다니고, 낮에는 기자 생활을 했다. 4년 뒤 국학대학을 졸업하고 나서, 기자 경력

기자 시절 출장 가서 찍은 사진. 담배연기에 의해 아버지의 얼굴 형태가 잘 안 보이지만 장난기 있는 아버지의 모습에 정이 간다.

기자 시절 박동순 동료와 설악산에서 찍었다.

이 인정되어 이곳에서 경제 정책을 강의하기도 했다.

꾸준히 자기계발을 하고 있으면 사회가 선택한다고 믿었던 그의 말처럼 아버지는 1960년에 평화신문에 스카우트됐다. 곧이어 서울경제신문에서 일하게 되고 1964년에는 대한일보 상무로 영전되어 자리를 옮겼다.

취재기자 시절의 아버지는 베이지색 납작모자에 소털색 반코트를 입고 다녔던 멋쟁이였다. 술좌석에 앉으면 분위기를 맞출 줄도 알았다. 그러나 절제가 없다 싶은 모임은 거들떠보지도 않았다. 가끔 뭔가를 골똘히 생각하기도 했고, 두툼한 자료를 끼고 다니면서 동료들에게 "공부해야 이기는 것"이라고 말하곤 했다.

아버지는 술자리에서도 윗도리를 벗지 않고 있었다. 적당히 분위기만 맞춰 주고 언제든 그 자리를 벗어날 수 있도록 하기 위해서였다. 그는 이야기가 길어지면 화장실에 가는 척하고 슬쩍 일어나 집으로 돌아와 공부를 하곤 했다.

아버지는 전매청에 출입하면서 잎담배, 소금 등 국민생활과 관련 있는 분야에 비중 있는 기사를 쓰기도 했다. 이때의 경험으로 그는 후에 매일경제신문을 운영하면서 소비자 문제에 깊이 관심을 갖게 된다. 아버지는 당시 중앙지 기자들의 기득권 세력에 아랑곳하지 않고 조용히 인맥을 넓히고, 실력을 쌓았다.

❝ 　1963년 나는 동아일보 정치부 기자로 국회를 출입하고 있었다. 태평로 시민회관 별관 건물을 국회의사당으로 쓰고 있던 당시, 기자실은 아주 좁았다. 그 좁은 공간 속에서도 누구는 의자를 붙여놓고 옆으로 길게 누워 코를 골기도 하고 한 쪽에서는 장기, 바둑을 두었고 섰다와 포커를 하는 사람들도 있었다. 보통 사람은 어지간한 배짱이 아니고서는 들어서기조차 섬뜩했다. 거기에다 이른바 중앙지 기자들의 텃세(?) 또한 대단했다.

　선민의식으로 가득 차 있던 중앙 기자들이 기자실을 전용하려 했기 때문이다. 나는 그런 게 좀 불만이었다. 그러자니 아무래도 경제지, 지방지 기자들과 말이 통했다. 간사도 아닌 나에게 특수지나 지방지 기자들이 애로를 곧잘 털어 놓기도 했다. 나는 열심히 그들의 의견을 들었고 되도록 해결해 주려 애썼다.

　어느 날, "실례합니다"라며 내게 인사를 청한 사람이 있었다. 독특한 웃음을 함박 머금고 전라도 말투로 이렇게 말했다.

　"서울경제신문의 정진기입니다."

　"네. 최영철…"

　순간, 누가 꽥 소리를 쳤다.

　"여보시오! 여기는 중앙기자실이오!"

　지금은 고인이 된 모 통신사 기자였다. 내가 오히려 멋쩍은데 정 사장은 태연했다.

"네. 잘 압니다. 중앙기자실에 최영철 기자를 만나러 왔습니다."

그는 그렇게 말하며 손을 내밀었다. 우리는 기자실을 나와 본회의장 뒤의 식당으로 갔다.

"괜히 욕보셨습니다."

"아닙니다. 앞으로 제가 국회에 출입하게 됐는데 잘 부탁합니다."

"저야말로….."

이런저런 이야기 끝에 고향이야기가 나왔다. 나주가 고향이라 했다. 나는 나주 영산포에서 국민학교를 나왔다. 그 덕에 우리는 금방 친구가 됐다. 내가 여섯 살 아래라 정 기자는 나를 퍽이나 귀여워 해 줬다.

-최영철 서경대 총장, 《특근기자》

보편의 기준을 넘어서

늘 뼈를 깎는 자기반성과 피나는 노력을 했던 아버지는 자기 입장뿐 아니라 다른 이의 입장에서 생각하고 판단할 줄도 알았다.

"과거 모 신문사에서 어느 부처 출입기자를 하고 있을 때 장관 기자 회견이 있었다. 그 부처에 출입하고 나서 처음 가진 장관 회견이었다. 나는 열심히 기사를 써서 부장석에 넘겼다. 그리고 부장이 편집부서에 기사를 넘기는 것을 보고 집으로 갔다. 다음날 아침에 집에서 신문을 보니까 내가 쓴 기사가 아니었다. 통신을 전재轉載한 것이었다. 신문을 보면서 한 시간 동안을 생각했다. '사표를 낼 것인가, 공부를 더 할 것인가.' 내가 쓴 기사가 좋았는지 나빴는지는 둘째치고 여하튼 내 글이 실리지 않았던 것이다. 부장 입장에서는 당연했다. 용어도 잘 모르는 상태에서 기자회견을 취재해 쓴 나의 기사와 통신의 기사 내용을 비교한 부장은 당연히 통신을 채택했어야 했다. 그렇게 하지 않았다면 부장은 그 자리에 있을 자격이 없는 것이다. 나는 그날 저녁부터 친구 만나는 것도 끊고 저녁에 술집에도 가지 않았다. 경제원론을 사서 읽기 시작했다. 몇 번이고 되풀이해서 읽었다. 그전에 나는 사실 경제가 뭔지도 잘 몰랐다."

이때부터 아버지는 본격적으로 공부를 시작했다. 아버지는 세상을 떠나던 해의 시무식에서 공부를 해야 하는 이유에 대해 이렇게 말했다.

"여러분들은 각자 자기 자신의 힘으로 일정한 수준까지 성장해야 합니다. 어느 누구도 대신 여러분의 수준을 높여 줄 수 없습니다. 그 길을 알고 먼저 터득한 사람이 일러주거나 지도해 줄 수는 있겠지요. 그러나 자신의 지적 수준을 높이는 일은 남이 대신해 줄 수 없습니다. 사장인 나도 직원인 여러분을 대신해 줄 수 없습니다. 여러분 한 사람 한 사람이 자기에게 맞는 방법을 택해 자신의 노력으로 실력을 높여 가는 길밖에 없습니다. 내가 여러분에게 공부하라고 입에 침이 마르도록 강조하고 뭘 읽어라, 뭘 해 와라 채찍질할 순 있지만 그것은 어디까지나 방법을 일러주고 자극을 주기 위한 것일 뿐입니다. 무엇이 최선인지 깨닫는 것은 여러분 각자가 해야 할 몫입니다. 제가 대신해 줄 수 있다면, 사장인 내가 사원인 여러분을 대신할 수만 있다면 저는 밤을 새워서라도 해주겠습니다. 그러나 여러분이 나 대신 아플 수 있습니까? 나 대신 밥을 먹을 수 있습니까? 공부도 마찬가지입니다. 그동안 여러 차례 '공부 좀 해라. 인간이 되라'라는 말을 했지만 다만 여러분에게 사회의 선배로서 충고하고 설득했던 것입니다."

신문기자 생활을 하면서 아버지는 4·19와 5·16을 겪었다. 이 두 사건 전후에 계엄령이 발동되어 신문은 검열을 받아야 했다. 신문사마다 당번을 정해서 밤 10시고, 12시고 검열을 받으러 다녔다.

"4·19와 5·16 때 두 번 다 20여 일 동안 계엄령이 지속됐다. 그해 봄에는 비가 많이 내렸다. 비가 억수같이 쏟아지는 날, 나는 원고를 코트 안에 넣고 빗속을 뛰어서 검열을 받고 다시 뛰어서 신문사로 왔다. 편집국이나 공무국 사람들은 원고가 늦게 도착하면 아주 싫어했다. 그들을 위해서 헐레벌떡 달려온 것만은 아니다. 검열이 늦게 끝났다고 말해도 되고, 비가 와서 늦었다고 할 수도 있었다. 그렇게 이야기한다고 해서 누구도 탓할 분위기가 아니었다. 누가 재촉하는 것도 아니었지만, 나는 빗속을 뛰어 검열을 받아 왔다."

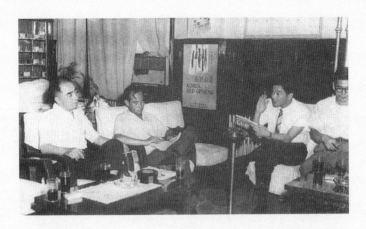

전매청 출입기자 시절 아버지가 심만제 청장에게 질문을 하고 있다.

전매청 출입기자 시절 아버지가 홍삼공장 견학을 하고 있다.

왜 그랬을까? 그는 최선을 다하지 않고, 변명이나 하는 그런 사람은 되고 싶지 않았다. 누가 시켜서 하고, 시키지 않으면 하지 않는 노예근성을 싫어했다. 주체적으로 생각하고 행동해야 발전이 있다고 생각했다. 아버지는 다른 사람의 의도에 좌우되는 삶이 아닌 스스로 자기 인생의 주인이 되는 삶을 살고자 했다.

한번은 신년호 제작을 위해 학자 중에서 신문에 글을 안 쓰기로 유명한 교수의 원고를 받아오라는 지시를 받았다. 아버지는 지시를 받자마자 그의 교수실로 향했다. 예상했던 대로 써 줄 수 없다고 했다. 두 번째 찾아가도 같은 결과였다. 다른 기자 같으면 한두 번 찾아가서 거절당하면 "그 교수가 원고 안 쓴답니다" 하고 말지도 모른다. 그러나 그것은 아버지의 기준이 아니었다. 작은 일이라도 변명하지 않고 끝까지 정성을 다 하는 분이었다.

"일곱 번째 가니까 미안해서인지 한번 써 보겠다는 의사를 비쳤다. 그러나 그 교수는 좀처럼 글을 써 주지 않았다. 그래서 열 번째 가서는 대화를 하면서 받아쓰는 형식으로 원고를 만들어 데스크에 넘겼다."

전매청과 국회 등에 출입하면서 아버지는 다른 기자들과 이야기 하면서 이렇게 말하곤 했다.

"내가 만약 신문사 사장이라면 이렇게 경영할 텐데."

"내가 만약 광고국장이라면 이런 광고는 싣지 않을 텐데."

"내가 만약 경제부장이라면 이 기사를 크게 키울 텐데."

기자로 활동하면서 단지 기자의 입장뿐 아니라 사장·국장·부장의 입장까지 생각해 봤던 것이다. 어쩌면 평기자였던 시절에 이미 창업의 기운이 싹트고 있었던 것인지도 모른다.

활발히 취재를 하면서도 아버지는 종종 회의를 느꼈다. 정부가 국민을 위해 수립한다는 정책들을 가만히 살펴보니 국민이 정말 원하는 것은 빠져 있었다. 국회에서는 경제문제에 대해 정책적인 토론을 하기보다 정략을 앞세운 공방만 하고 있었다. 일부 기업체는 목적을 달성하기 위해 도덕심도 망각하고 눈앞의 이익만 추구했다. 대다수 국민은 국회와 정부에 정당한 권리를 요구하기보다는 대안 없는 비판만 거듭하고 있었다.

아버지는 이런 상황을 보며 새로운 신문을 만들겠다는 의지를 굳혔다.

3장

신문 하나
해 번져 불래

아버지는 신문을 통해 국민들에게 정부가 하는 일을 알리고,

국민들이 경제 현실에 눈을 뜨기를 원했다.

또 독자들이 신문을 읽고 경제 지식을 실생활에

유용하게 적용할 수 있기를 바랐다.

다윗의 결심

1963년, 서울경제신문에서 아버지가 전매청과 재무부에 출입하고 있었던 어느 날, 편집국장이 바뀌면서 부장급들이 특정 대학 출신으로 교체됐다. 그러면서 기자들의 출입처도 대거 변경되었다. 아버지에게는 국회출입을 하라는 명령이 떨어졌다.

1960년대 초반에는 '경제'라는 것에 대한 인식이 희박했다. 우리나라는 아시아에서도 가장 가난한 나라 중 하나였고, 경제신문의 영향력도 미미했었다. 따라서 경제지 기자는 국회에서 환영을 받지 못했다.

66 경제지 기자의 국회출입 명령은 사실상 밀어내기 인사나 다름 없는 수모로 받아들여졌다. 출입처인 국회에 나가보면 이제 수습

을 갓 끝낸 까마득한 후배들하고나 어울릴 수 있고 명색이 중견기
자들은 제 일이 바빠 상대해 주지 않았다. 기사를 써도 국회 기사
는 1~2단이 고작. 그것도 이미 종합지와 통신에 보도된 것들이었
다. 경제기획원. 재무부. 상공부 등 정책 부처 위주의 기사가 중심
이 되고 진기 형이 출입하던 국회 기사는 지면을 장식할 공간을 날
로 상실해 갔다.

진기 형의 마음은 침울해졌다. 어느 날 진기 형과 퇴근길을 같
이하게 되었다. 여느 때와 다름없는 중학동·청진동 코스였다. 우
린 청진동 빈대떡 집에 마주 앉았다. 갑자기 그가 말했다.

"송 형! 나 신문 하나 해 번져 볼래."

"정 형! 참으소. 형이 어떻게 신문사를 한단 말이오."

술을 즐기지 않는 진기 형이 막걸리 한 사발을 단숨에 들이키
더니 불쑥 한마디 했다.

"나. 진짜 신문사 하나 할 거여."

푸념. 분노. 오기. 스트레스 발산. 그 어느 것이든 상관없었다.
신문사 하나 창업하는 데 소요되는 엄청난 자금이며 경제지에 필
요한 전문 경제 저널리스트의 구인은 어떻게 할 것인가? 독자층은
얇았고 광고는 약광고와 극장광고가 대부분일 만큼 취약했다. 삼
분산업(밀가루. 설탕. 시멘트)이 주축이고 전력주와 중석주가 증시의
주력종목이던 미약한 경제 구조였다. 기존 경제지는 물론 2~3개

신문만 빼고는 모든 신문이 경영난인데 진기 형이 신문을 하겠다
는 것이다.

나는 동료들에게 이 이야기를 했나.

"돌았어. 그 친구 돌아도 단단히 돌았어."

내 눈에 진기 형은 골리앗에 맞선 다윗이었다.

-송평성, 《특근기자》

1964년 봄부터 아버지는 신문사 창업에 대한 뜻을 구체화
했다. 그는 왜 신문사를 새로 만들겠다고 다짐했을까? 단지 다
니던 회사에서 좌천된 울분 때문만은 아니었다. 그가 판단하기
에 신문사 밖의 상황은 정치·경제·사회적으로 새로운 신문의
창간을 기다리고 있었다. 그러면 신문사 내적인 현실은 어땠을
까? 아버지는 그 시절을 이렇게 회고한다.

"내가 기자 생활을 할 때, 데스크나 부장, 국장, 사장 등의
사견에 의해 기사가 묵살되는 일이 비일비재했다. 즉 개인들의
사심에 의해 기사가 죽고 사는 경우가 많았던 것이다. 그래서
기존의 신문과는 완전히 다른 신문을 만들어야겠다는 생각을
하게 됐다."

어떻게 하면 개인적인 의견에 따라 기사가 좌우되지 않는

신문을 만들 수 있을까? 어떻게 하면 공정하고 양심적이며 국민을 선도하고 공익을 생각하는 신문을 낼 수 있을까? 창업 2년 전부터 아버지의 머릿속에는 이런 생각들로 꽉 차 있었다.

열정 하나로 밀고 나가다

대한일보로 옮긴 지 두 달이 지난 1964년 10월, 아버지는 신문사를 하나 인수하려 했다. 모 일간경제신문사였다. 이 신문사는 적자투성이어서 인수 작업이 순조롭게 진행되는 듯했다. 판권과 타블로이드판 인쇄용 윤전기를 인수하기로 합의하고 인수대금의 20%를 계약금으로 지불하는 조건으로 계약을 했다.

계약 소식은 하루 만에 언론계에 쫙 퍼졌다. 그러자 대상이 되는 신문사 기자들은 파업을 계획하고 인수를 반대했다. 결국 인수교섭 한 달 만에 모든 상황이 백지로 돌아가고 말았다. 신문사 인수에 어려움을 겪자 그는 '차라리 신문사를 하나를 만드는 게 낫겠다. 그게 제작이나 경영 면에서 유리할 수 있다'는 결론에 이르렀다.

길에서 출입구도 보이지 않았던 소공동 구 사옥.
아버지가 창간 당시부터 타고 다니던 6858 지프가 앞에 보인다.

"신문을 시작하려 할 때, 나름대로 아는 사람과 상의했다. 백이면 백 사람 모두 새 신문의 창간을 찬성하지 않았다. 이미 역사가 오래된 경제지가 많다는 것, 한 경제신문은 학생이나 정부, 일반 기업에서도 많은 독자층을 확보하고 있다는 것이 그 이유였다. 이런 상황에서 경제지를 창간하겠다니까 나를 정신 이상자로 인식하기도 했다. 어떤 사람은 내가 신문을 인수하려다 실패해서 젊은 혈기로 신문을 창간하려 한다고 억측을 하기도 했다. 어찌 되었든, 내가 재벌도 아니고, 권력을 등에 업고 있었던 것도 아니고, 이렇다 할 배경도 없었기 때문에 매일경제신문 창간 소식은 한국 언론계에 충격적인 뉴스로 전해졌다."

1965년의 국내외 상황은 어땠는가? 국제적으로는 미·소의 우주 경쟁, 통킹만 사건 등으로 냉전이 심화됐다. 우리나라에서는 14년을 끌어온 한일회담이 타결되었고 빈국의 굴레를 벗어나려는 경제개발계획이 실행되고 있었다. 한일회담 타결 소식이 전해지고 나서는 굴욕 외교 반대 데모가 이어져 소위 6·3 사태로 기록되는 비상계엄이 발동되기도 했다.

1965년 초에 아버지는 기자 활동을 하면서 친분을 쌓아둔 최상순·김현석·송태식·임철순 님 등을 설득해서 신문사 창간

1966년 고려대 대학원 수료식 때.

에 동참하게 했다. 서로 의견 충돌도 있었지만 새로운 신문을
만들겠다는 각오만큼은 대단했다.

아버지는 동시에 고려대 경영대학원 연구과정에 등록해서
또 다시 주경야독의 생활을 시작했다. 낮에 일하고 밤에 공부
하는 것, 그것은 아버지의 일생 동안 지속된 삶의 방식이었다.
자신을 꽉 짜인 일정 속에 몰아넣는 것, 큰일을 앞두고 그에 필
요한 모든 것을 철저히 준비하는 것, 절대 방심하지 않는 것,
이것이 정진기 식 라이프 스타일이었다.

경영대학원에서 그는 경영과 판매 전략, 광고의 중요성을 알게 됐는데 이때 배운 것들은 신문사 경영에 많은 도움이 됐다고 한다. 마치 세상일에 공짜는 없고 배움은 보답을 한다고 믿었던 아버지의 말을 증명이라도 하듯이 말이다.

오뚝이 정신

신문사 창간을 위해서 가장 필요한 것은 정부의 허가였다. 제3공화국 정부는 윤전기가 있어야 신문사 창간을 허락해 줬다. 매일경제신문 창간 준비 위원회는 일본에서 시간당 2만 부를 인쇄하는 타니구치 사의 윤전기를 구입하기로 했다.

그런데 윤전기 수입에 대한 법 조항이 문제였다. '기존에 신문을 발행하고 있는 회사만이 윤전기를 수입할 수 있다'는 것이었다. 결국 신생 신문사는 윤전기를 수입할 수 없었다. 신문사를 창간하려면 윤전기가 필수지만, 윤전기를 수입하려면 이미 신문을 발행하고 있어야 한다. 이게 규정이었다. 이 모순된 규정의 결론은 '새 신문사 창간은 불가능하다'는 것이었다.

창간도 하기 전에 아버지는 커다란 벽에 부딪히고 말았다. 남은 방법은 하나. 법이 불합리하다는 것을 정부를 상대로 설득하는 것이었다. 애초부터 설득당할 사람들이었다면 앞뒤가 맞지 않는 법을 만들지도 않았을 것이다. 그러나 어쩌랴? 아버지는 이때부터 백방으로 뛰어다녔다.

"국가 발전을 위해 뜻있는 경제 신문의 탄생이 절실하다. 그런데 지금 법이 그걸 막고 있다. 신문사를 세우려면 윤전기가 있어야 하는데, 수입조차 못하게 하다니 말이 되느냐."

이게 그의 신조였다. 통금이 있던 시절, 아버지는 새벽에 일어나 4시 30분이면 벌써 창업 동지들의 집을 찾아가 문을 두드렸다. 정부청사로, 시청으로, 국회로 뛰어다니며 정부 관계자들을 방문하기 위해서였다. 그 시각에 관공서에 가 보았자 문도 열지 않을 게 뻔했다. 그러나 아버지는 집안에서 편안하게 기다릴 수만은 없었다. 차라리 나가서 관공서 문이 열리기를 기다리는 편이 더 나았다.

그가 제일 먼저 찾아갔던 곳은 공보부였다. 이때의 공보국장 M 씨는 아버지의 이야기를 듣고 칼로 자르듯 말했다.

"신문 창간은 지금으로선 불가능합니다."

다음날 그는 공보부 기획관리실을 찾아갔다. L 실장은 "허가될 수 없는 상황"이라며 아버지를 돌려보냈다.

아버지는 기자 시절 알고 지냈던 공무원들, 국회 문공 분과 위원으로 배정된 국회의원들과 관련 분과의 국회의원들, 그밖에도 지원이 가능한 모든 사람들을 만나면서 도움을 요청했다. 정부 관계자들, 공보부 관료들, 공무원들은 그의 말에 크게 귀를 기울이지 않았다. "시간이 없다"며 만나주지 않기도 했다. 어제까지만 해도 대접받는 기자였던 아버지는 하루아침에 외판원 같은 신세가 됐다. 그가 접촉했던 한 관리는 이렇게 회상했다.

"그때 신문 창간이란 건 엄두도 못 낼 일이었다. 어느 날 정진기 씨가 신문을 새로 만들어보겠다며 날 찾아왔다. 그는 기자 시절 안면이 있는 정도에 불과했던 나를 설득시키려고 무척 적극적이었다. 나는 한마디로 거절했다. 그 다음부터는 그에게 시달렸다. 시달리다 못해 '정치적 배경도 없고 재력의 뒷받침도 없으니 포기하라'며 역으로 내가 그를 설득하려 했다. 그러나 그는 물러서지 않았다."

아버지는 끈질기게 사람들을 만났다. 한 사람 두 사람씩 그의 이야기에 귀를 기울이는 사람이 생겼다. 공보부에서 어느새 이런 이야기가 새어 나왔다.

"정진기 그 사람, 아이디어가 참신하던데?"

"그래도 뭐 쉽게 허가가 나겠어? 말은 조리 있게 잘 하더라만."

"나이는 나보다 어린데 어떨 때는 존경스럽더라고."

공보부 문턱이 닳도록 드나든 지 석 달쯤 되었을까? 한 관리가 아버지를 보더니 달려와 말했다.

"정 기자! 내일 시간 되시오? 10시까지 장관실로 오시오. 그때 장관님이 잠시 짬이 나셔서 장관님을 만날 수 있도록 조처를 해 놓았소. 시간은 딱 10분이오."

"정말입니까? 고맙습니다! 이 은혜는 잊지 않겠습니다."

다음날, 아버지는 홍종철 공보부 장관을 만나서 새 신문이 필요하다는 사실을 역설했다. 가만히 말을 듣던 홍 장관이 답했다.

"이보시오. 정 기자. 준비도 없이 의욕만 갖고 신문을 만들 수 있습니까?"

"장관님, 나름대로 준비가 되어 있습니다. 다만 윤전기 수입이 걸려서…."

"어허, 윤전기 수입 조항은 정부에서 다 생각이 있어서 만든 것 아니겠습니까? 젊은 나이에 욕심만 앞세우지 마시고 자중하십시오."

"그 조항이라는 것이 모순이 많습니다."

"그럼, 국회에 가서 다시 고치라고 할까요? 그럴 수는 없지 않습니까?"

"예외라는 것이 있지 않겠습니까?"

"자자, 나는 다음 약속이 있어서 이만."

첫술에 배부를 수는 없었다. 늘 당하던 거부였다. 그러나 아버지는 조금도 동요하지 않았다. 그의 머릿속에는 단 하나의 생각밖에 없었다. 윤전기 수입 허가가 떨어질 때까지 절대 물러서지 않는다는. 아버지는 몇 번이고 다시 찾아갔다.

장관을 마주치기도 하고 비서실에서 돌아서기도 했다. 복도에서 기다리다 인사만 하기도 하고 몇 마디 대화를 하기도 했다. 지성이면 감천이라던가, 어느 날 홍 장관은 불쑥 "5분 정도 시간이 있으니 차나 한 잔 하자"며 아버지를 불러 세웠다. 홍 장관과 마주 앉은 아버지는 심호흡을 한 번 하고는 입을 열었다.

"우리나라는 이제 막 경제적인 맹아기에 들어섰습니다. 아직 많은 사람들이 경제가 뭔지도 모르지만 앞으로는 경제를 알아야만 하는 시대가 될 것입니다. 제가 경제기자 생활을 하다 보니 국민들에게 알려야 할 지식이 너무 많았습니다. 그 많은 지식을 제대로 알리려면, 새 신문이 필요합니다. 그것도 새로운 경제 신문이."

홍 장관은 서른다섯의 패기 넘치는 젊은이의 눈에서 진심을 봤다. 그 순간, 홍 장관은 깨달았다.

'아, 이 사람은 내가 막는다고 포기할 사람이 아니구나. 뭔

일을 해도 크게 하겠구나.'

그는 아버지에게 이렇게 말했다.

"정 기자. 당신 말이 맞는 것 같소. 도울 수 있는 길을 찾아보리다. 청와대에는 내가 기회를 봐서 보고하겠소."

며칠 뒤, 매일경제신문 창간 준비위원회에 전화가 걸려왔다.

"정진기 씨 좀 바꿔 주십시오."

아버지가 전화를 받아 들었다.

"정진기입니다. 네? 네. 잘 알겠습니다."

아버지는 수화기를 내려놓고 한참 동안 말이 없었다. 긴장감이 돌았다. 조심스럽게 창간 준비위원들이 물었다.

"무슨 전화입니까?"

"홍종철 장관인데, 윤전기 수입 허가, 떨어졌답니다."

"네? 허가가 났다고요?"

"와!"

동료들이 환호하는 동안 아버지는 말없이 의자에 앉아 눈시울을 붉혔다. 가만히 생각해 봤다. '도대체 공보부에 몇 번이나 찾아간 건가.' 수첩을 들여다보며 헤아려 봤다. 한 번, 두번, 세 번… 정확히 서른여섯 번이었다.

"나는 100번이라도 찾아갈 각오였다. 그들은 나를 기다려주는 사람들이 아니었다. 내가 필요해서 만나자고 했으니 헛걸음을 해도 할 수 없었다. 또 찾아가는 수밖에. 못 만나고 그냥 돌아설 때도 있었다. 다행히 하늘이 도왔는지 끝내 승낙을 얻어낼 수 있었다."

1965년 6월, 제반 서류를 갖춰 윤전기 수입허가 신청을 냈다. 창간 준비 작업이 돌연 활기를 띠기 시작했다. 아버지의 지휘 아래 보급, 광고, 지방 지사 조직 등 영업 부문과 윤전기 수입, 신문사 등록 등 섭외 실무, 신문제작 편집 준비 업무, 공무 분야 업무 등이 진행됐다. 두 달 뒤인 8월 18일, 자본금 500만 원으로 주식회사 매일경제신문사가 탄생했다.

창업 동지를 모으다

　　윤전기 수입허가를 받은 후 아버지는 모든 에너지를 신문 발간 준비를 위해 쏟아 부었다. 인력 확보, 시설 구비, 판매망 구축, 이 세 가지가 창간을 위해 가장 중요한 일이었다. 쉬운 일이 없었다. 하나부터 열까지 그가 모두 관여해야 하는 일이었다.

　　신문 창간을 위해 가장 중요한 일 중 하나는 수습기자 공모였다. 아버지는 매일경제신문을 이끌어갈 사람을 공채로 선발해서 교육을 시켜야 진정한 '매경인'이 될 수 있다고 생각했다. 창간호부터 매일경제신문 1기 기자들이 기사를 써야 자기 색깔을 가진 신문이 되지 않겠는가. 이런 생각으로 23명의 수습기자를 뽑았고 당신이 직접 교육했다.

" 수습기자 교육에 대한 창업주의 독려는 철저했다. 각계 인사를 초빙하여 기초 자질 향상을 목적으로 한 교육은 하루 8시간을 꼬박 채우는 강행군이었다. 틈틈이 창업주의 꾸지람 교육이 끝도 없이 이어졌다. 올챙이 기자들에게 칭찬할 일이야 없었겠지만 거의 꾸중 일변도였다는 게 생생히 기억난다.

어느 날 소공동 구 상공회의소 뒤에 있는 경남극장으로 몰래 영화를 보러 갔다. 나는 감쪽같이 다녀왔다고 생각했는데 들통이 나고 말았다. 어떤 경로로 창업주가 이를 탐지했는지 지금도 알 수 없다. 불호령이 떨어졌다.

"그 따위 썩어빠진 정신으로 무슨 기자가 되겠느냐?"

눈물이 쏙 빠지도록 혼이 났다. 결국 탈락하고 마는구나 하고 단단히 각오하고 있는데 그 뒤에 별다른 조치가 없었다. 나중에 생각해 보니, 그 꾸지람도 결국 우리를 강하게 키우기 위한 훈련법이었다.

창간 초기 회사 사정이 좋지 않았음은 누구나 알고 있었다. 그러나 때가 되면 창업주는 많든 적든 반드시 떡값을 나눠줬다. 수습 교육에 강약強弱 전법을 배합시킨 결과, 매경 1기생들은 무슨 일이 있어도 흩어지지 않고 한 가지 목표를 향해 뛸 수 있다는 확신이 생겼다.

-변재용 매경 공채 1기 / 전 한국화재보험협회 홍보부장, 《특근기자》

경력 사원 확보를 위해서는 한 사람 한 사람 만나서 설득해야 했다. 의지 하나만으로 시작하는 신생 신문사에 선뜻 오겠다는 사람은 많지 않았다. 그러나 아버지는 한 사람 한 사람을 진심으로 대했다.

> 매경 창간 초기에 나병하 씨의 소개로 정 사장을 만나게 됐다. 취재부장을 맡아 달라는 것이었다. 나는 그 당시 산업경제신문의 취재부장 대우로 있었다. 나는 정 사장에 대한 이야기는 들었지만 만나 본 적은 없었다.
>
> '어떻게 될지도 모르는 신생 신문사에 꼭 가야 하나? 그래도 부탁을 받았으니 정 사장을 일단 한번 만나보고 처신해도 되겠지.'
>
> 그렇게 생각하고 소공동으로 갔다. 사장실에 들어서자 정 사장은 나를 반갑게 맞았다. 그 태도가 무척 부드러웠다. 사장 입장에서 새로 입사하려는 사원을 맞아들이는 무거운 태도가 아니었다. 정중하고 겸손하게 나를 대해줬다.
>
> "창간 초기라 모든 게 어렵습니다. 어려운 시기에 어려운 자리에 모시려고 하는데, 잘 부탁합니다."
>
> 그의 솔직한 일면에 호감이 갔다.
>
> "부 선생만 믿겠습니다."
>
> 이 "믿겠습니다"라는 말은 혹 내가 일을 맡게 되면 책임을 다

해 달라는 뜻이었다. 그의 언행에서 그가 외유내강, 솔직담백한 사람이라는 인상을 깊이 받았다. 나는 그가 어려움을 뚫고 나갈 수 있는 리더십을 지닌 인물이라는 판단을 했다.

"생각해 보겠습니다"라는 말 대신 내 입에서는 "잘 알겠습니다"라는 말이 나왔다. 정 사장을 대면해 본 뒤에 입사 여부를 결정하겠다는 태도를 바꾸어, 즉석에서 입사할 것을 밝히고 매경의 일원이 됐다.

-부두현, 《특근기자》

어음이 일반적이었던 때였지만 시설을 구입하기 위해서는 현금을 주어야만 했다. 판매망 확보도 쉽지 않았다. 더구나 젊은 사람이 신문사를 만든다고 하니 이상한 소문도 돌았다. 당신의 회고다.

"매일경제신문 창간 전에 언론계의 모든 사람들이 3~6개월 안에 무너질 것이라고 예측했다. 항간에서는 매일경제신문 사장은 돈이 없는 사람인데 재일교포의 후원을 받았다는 소문도 돌았다. 또 정부기관에서 보조를 한다는 등 어느 재벌의 앞잡이일 것이라는 등의 구설수가 난무했다."

드디어 창간

1966년 3월 24일, 드디어 매일경제신문 창간호가 나오게
됐다. 아버지는 물론이고 107명의 사원들 역시 말로 할 수 없
이 기뻐했다. 창간호에는 해 뜨는 아침에 터널을 뚫고 힘차게
달려 나오는 기차 사진이 실렸다. 사진 설명에는 "우리의 앞길
은 밝다. 태고적부터 어둠처럼 누적되었던 빈곤을 헤치고 이제
우렁찬 고동을 울리며 희망에 부푼 산업 열차가 어두운 굴을
빠져 나오고 있다"고 되어 있다.

아버지는 창간호에 다음과 같은 메시지를 실었다.

"매일경제신문은 한국 경제의 자립과 번영의 길잡이가 될
것을 목표로 오늘 창간호를 내놓게 되었습니다. 우리는 해방
이래 20년 동안 계속적인 정치적 악순환으로 말미암아 경제,

사회, 문화 등 모든 분야에서 혼란과 진통만을 거듭하여 왔기 때문에 주어진 현실이 과연 무엇인가조차 파악하지 못하고 살아왔던 것입니다.(중략) 현실의 실의를 일소하여 가며 국가번영의 힘찬 고동 속에서 우리의 세대는 새로운 경제풍토를 조성하기 위한 제1장을 폈습니다. 이 보람 있는 사업의 전위적인 역할을 다하기 위하여 매일경제신문은 과감히 창간을 하게 되었습니다. 이제 어둠이 지나가고 내일의 밝음을 기약하는 새 봄이 다가왔습니다.(후략)"

그러나 기쁨도 잠시, 창간호를 받아든 아버지의 얼굴이 흙빛으로 변했다. 창간호의 인쇄가 엉망이었기 때문이다. 게다가 발간 시간도 많이 늦춰졌다. 우리나라에서 제일가는 경제 신문, 아니 경제지와 일반지를 통틀어 제일 좋은 신문을 만들겠다는 포부로 창업을 했는데 이런 결과가 생기다니. 아버지는 자존심이 상했다.

"꿈과 같은 과정을 거쳐 드디어 창간호를 내게 되었다. 그런데 본지는 고사하고 4페이지의 부록이 오후 4시에 나왔고 본지는 6시가 되어서야 인쇄되기 시작했다. 신문을 받아 보니 인쇄를 한 것인지 먹칠을 한 것인지 모를 정도였다. 글씨를 알아보지 못할 만큼 검은 부분도 있었다. 창간호가 너무 보잘것없

엉망으로 인쇄된 창간호.

어서 그 후 한 달 동안 창간 인사를 다니지 못했다."

다행히 다음 날부터 인쇄는 제 궤도를 찾았다. 아버지는 고진감래를 되뇌며 반드시 최고의 신문을 만들겠다고 마음먹었다. 하루하루 시간이 지나자 매일경제신문은 사람들에게 주목을 끌기 시작했다. 다음과 같은 이유 때문이었다.

첫째, 제작방향이 기존 신문들과 판이했다. 신문이 사회적 책임을 다하는 공기公器의 기능을 해야 한다는 아버지의 소신이 반영되었기 때문이다.

아버지는 신문을 통해 국민들에게 정부가 하는 일을 알리고, 국민들이 경제 현실에 눈을 뜨기를 원했다. 또 독자들이 신문을 읽고 경제 지식을 실생활에 유용하게 적용할 수 있기를 바랐다.

그는 매일경제신문을 고객에 대한 서비스 정신이 충만한 신문으로 만들려 했다. 이를 위해 과감하게 사설란을 없앴다. 보통 신문하면 사설을 떠올리는데 매일경제신문은 사설 없는 신문으로 발간됐다. 아버지는 '경제이론은 양면성이 있기 때문에 일방적인 주장을 게재하기보다는 각계의 의견을 폭넓게 보도해서 독자들이 판단하게 하는 것이 더 타당하다'고 생각했다.

1966년 3월 24일, 아버지가 매일경제신문사 창간 테이프커팅을 하고 있다.

1966년 3월 24일, 아버지와 매일경제신문사 창간 간부들.

둘째, 사시社是가 이채로웠다. 매일경제신문의 사시는 '신의성실信義誠實한 보도', '부의 균형화 실현', '기술 개발의 선봉', '기업육성의 지침'이다. 매일경제신문이 창간을 하면서 첫 번째 사시로 '신의성실한 보도'를 내세운 것은 특이하다. 흔히 신문의 생명은 빠르고 정확하게 보도하는 것이라고 알려져 있다. 그런데 아버지는 신속·정확 대신 신의성실을 전면에 내세웠다. 요즘처럼 정확성보다는 빠른 속도를 강조하는 인터넷의 시대, 그러나 일부 호기심만 자극하는 가벼운 기사와 오보에 상처받는 사람도 많은 시대에 시사하는 바가 있다 하겠다.

또 가난한 사람들에게 경제 정보를 제공함으로써 부를 실현할 수 있는 기회를 균등하게 주기 위해 '부의 균형화 실현'이라는 사시를 채택했다. 균형이란 한 쪽으로 치우치지 않고 고른 상태를 말한다. 즉, 분배를 뜻하는 것이다. 1960년대의 한국은 부라는 것이 아직 축적되지 않은 상태였다. 일단은 파이가 있어야 나눠주는 것이다. 그런데 파이는 고사하고 파이를 만들 밀가루도 제대로 갖추지 못한 시절에 이미 그 파이를 노력한 만큼 공정하게 나누어가야 한다고 역설하고 있었다. 아버지는 앞으로 파이가 커지면 분명 분배 문제가 생길 것이라고 봤다. 성장도 없던 시절에 분배를 염두에 두었다는 것은 그가 얼마나 먼 미래를 내다보고 사시를 정했는지 짐작하게 한다.

아버지는 후진국에서 개발도상국, 나아가 선진국이 되려면 필연적으로 기술 개발이 필요하고 기업 육성도 해야 한다고 생각했다. 이를 사시에 반영한 것 역시 10년 이상 앞을 내다 본 시각이었다.

매일경제신문의 셋째 특징은 판매 방식이 직영 체제라는 것이다. 그 시절 전국의 모든 신문은 보급소 체제였다. 보급소 체제는 말하자면 대리점 방식이었다. 신문사에 속해 있지 않은 개인이 대리점처럼 보급소를 운영하면서 신문 배달을 하는 것이었다. 매일경제신문은 서울 지역을 본사 직원이 직접 관리했다. 직영 체제를 택한 이유는 보급소 체제보다 통제가 용이하기 때문이었다. 아버지는 직영으로 배달을 해야 본사에서 독자들에게 더 나은 서비스를 제공할 수 있다고 믿었다.

시험적이었던 시기

"나무를 심는 사람은 20년을, 과일나무를 심는 사람은 5~6년 후를 내다보고 애를 쓴다. 하물며 하나의 업을 이루고자 하는 사람이 내일을 대비하지 않는다는 것은 도피행위요, 자살행위나 다름없다. 누가 앞날을 낙관적으로 단언할 수 있는가? 우리도 만약에 대비해서 어떤 사태에도 견딜 수 있는 저력을 길러야 한다."

아버지는 매일경제신문 창간 초기 몇 년을 '독자에게 선택받느냐 도태되느냐'의 시험적인 시기라고 생각했다. 그에게는 피 말리는 나날이었다. 매일경제신문 전체에 들어가는 원고를 읽고, 수정하고 교정하고, 또 다른 신문들도 꼼꼼히 보며 비교했다. 식사 시간도 아까워 라면으로 점심을 때우며 지냈다.

    조그만 사장실에 들어가면 정 사장 자신이 기사를 작성하거나 편집에서 넘어온 기사를 읽으면서 교정을 보는 일을 자주 볼 수 있었다.

    "사장이 무슨 교정이요? 교정은?" 하면 "그래도 내가 한번 봐야 안심이 됩니다" 했다.

    "정 사장. 몸을 돌봐야지요. 건강해야 합니다" 하면 "건강은 하느님이 주신 것. 일하다 쓰러지면 그것도 영광 아니겠어요?" 할 정도로 그는 일. 매경의 일. 신문 일밖에 모르는 사람이었다.

-송기철 전 고려대 교수, 《특근기자》

한국 부인회 회장이었던 박금순 님은 "원고 청탁이나 특강 부탁을 위해 소공동 비좁은 사장실을 방문하면 정 사장은 외부에서 걸려오는 구독신청 전화를 직접 받아 담당직원에게 알려주곤 했다"고 회고했다.

    고 정진기 사장을 알게 된 것은 1960년대 초 그가 경제부 기자생활로 활약할 때부터였다. 그는 남달리 경제 토론을 즐겨했는데 어떤 문제를 놓고 이야기를 시작하면 밤이 새는 줄 몰랐다. 창간 초기 소공동을 방문해 보면. 정 사장은 여비서도 없는 사장실에서 설렁탕 한 그릇으로 점심을 때우고 손수 원고 작성에서 제작과 교정. 그리고 광고와 판매에 이르는 전 과정을 하루 종일 해 나갔다. 그 모습을 보고 신문을 만드는 일은 곧 전쟁이구나 하고 생각했다.

-백영훈 한국산업개발연구원장, 《특근기자》

세상일은 인과응보라고 믿었던 아버지는 매사에 정성을 들이고 조심하는 것이 최선이라고 생각했기에 신문협회에서 타 신문사 사장들을 만나면 최대한 겸손한 자세를 취했다. 매일경제신문이 신생 신문사인데다 사장들 중 아버지 연배가 가장 어렸기 때문이었다. 신문협회 회의에서 꼭 할 말이 있으면 당신은 빠지고 다른 분에게 대신 발언하도록 부탁했다. 혹여 말 한마디라도 잘못해서 "젊은 친구가 신문사 하나 만들더니 오만해졌다"는 소리를 듣지 않을까 해서였다.

밖에서 과거 기자 시절 동료로 지냈던 사람들을 만나도 그 사람들 마음을 다치게 하고 싶지 않아서 말조심, 행동 조심을 했다. 사원들에게도 늘 처신에 조심하라고 당부했다. 신문사 직원 신분으로 불미스러운 일을 하거나, 기자가 특권인 듯 행동하는 것을 보면 사안의 경중에 관계없이 징계를 했다.

창간 초기에는 가정에서도 뭐든 아끼고 절약하는 생활을

했다. 양말도 꿰매 신고, 속옷도 기워 입었다. 아버지는 바지 주머니 입구가 다 해질 때까지 입고 다녔다. 그 옷을 어머니는 지금도 보관하고 있다. 어머니가 아버지의 옷을 사 오면, 아버지는 "이 사람이 정신이 있는 사람이야?" 하면서 새 옷을 입지 않았다. 어머니가 "세일을 해서 반값으로 싸게 옷을 샀다"고 하면, 당신은 "아예 사지 않으면 100% 돈을 아끼는 건데. 그 돈이면 신문이 몇 부인데" 라고 답했다.

집이 협소하니 이사를 가자고 하면, 회사가 이사 가기 전에는 집을 옮길 수 없다고 해서 결국 회사가 새 사옥으로 간 뒤에야 우리 집도 이사를 했다. 아버지는 뭐든 꼭 필요한 게 아니면 사지 말라고 말했다. 어머니가 문갑을 사고도 포장지도 풀지 못하고 농 위에다 그냥 쪼개어 올려놓고 있었던 적도 있다. "지금 문갑이 무슨 필요 있느냐"고 꾸중을 들을까 봐서였다.

안팎으로 힘겨웠던 이 시험적인 시기에 아버지는 부수를 확장하거나 광고를 늘리는 것보다는 신문의 권위를 높이고 이름을 알리는 것이 더 시급한 일이라고 판단했다. 이때부터 정진기식 아이디어가 빛을 발했다. 그는 오래전부터 생각해 두었던 '소비자 보호 운동', '생활대학', 그리고 '한일 광고 세미나'를 매일경제신문 이름으로 차례차례 개최했다.

잡지도 않고 막지도 않고

창간 이듬해인 1967년, 아버지는 큰 시련을 겪었다. 창간을 함께 했던 직원들이 새로 생긴 신문사로 대거 이탈했던 것이다.

❝ 정 사장의 신문기자 시절부터 우리는 동료로 가깝게 지냈다. 매경이 창간호를 내고 1년쯤 지났을까? 또 하나의 경제지인 D 일보가 새로 생겼다. 그때 정 사장 밑의 직원 20여 명이 이탈하는 사태가 생겼다. 신문을 만들기 시작한 이후 첫 시련이었을지도 모른다.

사내에서 동요가 일었고 사외에서도 많은 사람들이 매경의 사세에 의문을 갖게 됐으니까. 그렇지 않아도 매경을 가리켜 같은 업계의 많은 사람들은 창간 후 계속 불가사의하다고 여겨 왔을 때다.

이때. 나는 당시 J 사에 있었는데 느닷없이 나를 만나자고 했다. 단도직입적으로 "이제는 와줘야겠어"라고 했다. 창간 때도 함께 일했으면 했는데 내가 완곡하게 거절한 적이 있다.

"어이, 친구 따라 강남 간다고 했어. 여러 모로 봐서 꼭 와야 해."

그의 표현은 간단했지만 와 달라는 뜻이 간절한 것 같았다. 첫 시련이면 시련이랄 수 있는 그의 입장을 이해할 수 없다면 가까운 벗이라 할 수 없다는 함축된 마음이었으리라. 못 가겠다는 말이 나오지 않았다. 좀 생각해보고 결정하자고 하는 말도 못했다.

-장영근 흙예성 회장, 《특근기자》

이때의 일이 깊이 각인되어 있어서였을까? 아버지의 직원 관리는 독특했다. 회사를 떠나는 사람을 잡지 않았고 다시 돌아오는 사람도 막지 않았다. 나갔다가 다시 돌아오는 사원도 있었고, 두 번이나 되돌아온 사원도 있었다. 그런 사원들도 다 흔쾌히 받아들였다.

다른 회사나 조직으로 가기 위해 퇴사 인사를 하러 오면 당신은 마음속으로는 섭섭했지만 "어디 가든 열심히 하면 되는 거여" 하며 격려를 해 주곤 했다. 다른 조직에 갔던 사람이 "이번에는 지방으로 발령을 받았다"며 인사를 오면 돌아갈 때 봉투를 쥐어 주며 "고생할 텐데…"라며 안쓰러워했다. 새로운 분야의 사업을 창업하기 위해 퇴사를 하는 사람에게는 "고생문에 들어섰다"며 촌지를 주곤 했다.

물론 애써 키워 놓은 사원들이 다른 신문사로 갈 때는 무척 마음 상해했다. 특히 "월급이 적어서 다른 데로 간다"는 말을 들으면 "내 월급이라도 나눠주고 싶다"며 가슴 아파했다. 이 때문에 아버지는 경영상태가 호전되면 제일 먼저 사원들의 임금 인상을 단행했다. 몇 차례의 급여 인상을 거쳐 타계하실 무렵에 매일경제신문의 임금 수준은 다른 기업이나 언론사 못지않게 높아졌다.

아버지는 또 어떤 이유로든, 퇴사한 사원이 다시 돌아오면 집 나간 자식이 돌아온 것만큼 좋아했다.

66 나는 입사 초기부터 고집스럽고 건방진 녀석으로 찍혔다. 나는 마음에 있는 말을 바로 바로 하는 성미였다. 간부들이 나를 탐탁지 않게 여겼지만 사장님은 "달래 가며 사람을 만들겠다"며 울타리가 돼 줬다.

사장은 울타리가 되다가 지치면 나에 대해 "결혼하면 나아지겠지", "아이가 생기면 성질이 죽겠지" 하며 참고 넘기신 경우도 여러 번 있었다고 한다.

나는 사장께 직언도 서슴지 않았다. 정 사장은 특이하게도, 매년 초에 경제인들을 찾아가 신년 인사를 했다. 아마 신문사 사장으로서 경제인들을 먼저 찾아가 세배를 하는 사람은 그분밖에 없었을 거다.

어느 해인가 모 그룹 총수와 만났을 때 보니 정 사장이 너무 저자세로 대화하는 것이었다. 나는 깜짝 놀랐다. 돌아오는 차 안에서 말했다.

"사장님. 경제인들에게 너무 굽신거리는 것 같습니다. 당당하게 대해 주셔도 될 만큼 저희 신문이 성장하지 않았습니까?"

"경제 신문 부장이란 사람이 아직도 몰라? 기업 회장들은 이 사회에서 장원급제한 승자들이야. 그토록 많은 규제와 장애를 극복하고 성공한 사람들은 존경받아야 마땅한 거야."

정 사장은 "성공한 기업인의 말씨나 행동. 심지어 얼굴 표정까지도 좋은 교훈이 된다"고 했다. 또 그런 기업인들에게 최대한의 예절을 지켜 대화하는 것은 매일경제가 승자가 될 수 있는 길을 찾기 위한 행위라고 덧붙였다.

얼마 뒤 신문에 〈승자의 조건〉이란 기획물의 연재가 시작됐다. 각계에서 정상에 오른 1인자를 찾아 걸어온 길과 걷고 있는 길을 소개하는 이 기획물은 바로 정 사장의 아이디어였다.

한때 나는 매경을 그만두고 잠시 다른 길로 갔다가 다시 매경으로 돌아왔다. 재입사하던 날, 사장께선 그 특유의 미소를 지으며 말했다.

"고집 버리고 온 거여? 그놈의 고집 버리면 기자로 쓸모없어지는 건데…."

면목이 없던 나는, 그 말 한마디에 활짝 웃을 수 있었다. 그 뒤로 더욱 열심히 뛰었음은 물론이다.

-배병휴 전 매일경제신문 편집고문, 《특근기자》

아버지는 인연을 중시했던 사람이었다. 한 번 맺은 인연은 연이 다할 때까지 챙겨주려고 노력했다. 그렇지만 그는 인연에 집착하지는 않았다.

회자정리 거자필반會者定離 去者必返이라 했던가. 만나면 헤어지고 헤어지면 또 만나는 법. 아마도 아버지는 인간관계의 비밀을 알고 있었던 것 같다. 그러기에 당신은 떠나는 사람에게도 담담할 수 있었고, 돌아오는 사람도 웃으며 대할 수 있었던 것 아닐까?

소비자 보호 운동

1967년 1월 13일 아버지는 소비자 보호 캠페인을 시작했다. 독자들에게 대대적으로 알리기 위해 매일경제신문에 캠페인의 의의와 방향에 대해 24회 연재를 했다. 지금은 소비자라는 말이 우리들에게 많이 익어 있지만 그 당시는 소비자라는 용어조차도 생소한 시절이었다. '소비자를 보호하자'는 아버지의 안목을 이해하는 사람들이 많지 않았다. 다른 신문들은 "소비자 보호 운동은 기업을 죽이는 일"이라고 오해했고, 기업들은 "물건 만드는 생산 업자를 도와주지 않고 소비자만 도와주는 게 무슨 경제지냐"고 비난했다.

사내에서도 마찬가지였다. 소비자 보호 운동에 찬성하는 사람이 아무도 없었다. "도대체 소비자 보호 운동이 무엇을 하는 것이냐"고 묻는 사람이 태반이었다. 그때마다 아버지는 "매

1967년 8월 18일 정일권 당시 국무총리로부터 아버지는 소비자 보호 운동 공로 표창을 받았다.

아버지는 우수상품만 선발한 것이 아니고 정부 경제 부처 상관을 수시로 초청, 우수상품 업계 관계자들과의 대화도 유도했다.

일경제신문 사시를 봐라. '부의 균형화 실현'이 있지 않으냐. 소비자 보호란 기업윤리를 강조하고 소비자의 권리를 회복시켜주고 합리적인 소비생활을 계몽함으로써, 균형발전을 이룩케 하는 것이 목표이기 때문에 사시와 맞는 사업이다. 그 정신에 입각해서 소비자 보호 운동을 펼쳐야 한다"며 사업을 밀어붙였다.

그 첫 번째 사업이 전 국민이 투표로 우수상품을 선정하는 것이었다. 소비자들에게 직접 상품에 대해 묻자는 것인데 지금으로 말하면 '고객만족도'에 대한 조사였다. 우리나라에서 고객만족도를 처음으로 측정한 것보다 거의 25년 이상 앞선 기획이었다.

매일경제신문은 이를 위해 막대한 자금을 들여 전국적으로 100만 장의 투표용지를 뿌렸다. 투표용지에는 '지금까지 사용해 본 결과 어떤 제품이 가장 좋았습니까? 어떤 제품이 가장 나빴습니까?' 등의 설문이 적혀 있었다. 이 운동에는 박정희 대통령도 관심을 가졌고 육영수 여사도 직접 투표에 참여했다. 전국적으로 29만 명이 투표에 참가할 정도로 대성황을 이뤘다.

1967년 3월 24일, 매일경제신문은 투표 결과에 따라 우수

상품을 선정해서 봉황상을 시상했다. 각 부분의 1등은 대상, 2등은 우수상, 3등은 우량상을 시상했다. 모두 176개 제품이 선정됐는데 양복지는 골덴텍스, 조미료는 미원, 간장은 샘표, 마가린은 소머리표, 맥주는 OB 등이 대상을 받았다. 백두산 광목, 금성 괘종시계, UN 성냥 등 지금은 추억처럼 여겨지는 제품들도 봉황상을 받았다.

봉황대상 투표에 참가한 시민들을 대상으로 상금 총액 100만 원의 행운상을 뽑았다. 추첨은 당시 최고의 여배우였던 문희 씨와 전양자 씨가 했는데 참가자 중 1등부터 5등까지 모두 1,001명이 당첨됐다. 당첨자 명단 중에는 현직 아나운서와 배우도 있었다. 유명인들도 참가할 만큼 열기가 대단했다.

1등으로 뽑힌 사람은 명동 성바오로 수녀원의 장 실베스틴 수녀였다. 그는 "5만 원의 상금을 고스란히 수녀원에 맡겨 고아원이나 양로원 등을 돕는 데 쓰도록 할 것"이라고 말해서 훈훈한 감동을 줬다. 소비자 보호 운동의 의미가 더욱 돋보이는 미담이었다.

봉황대상 때문에 신생 신문인 매일경제신문은 단번에 사람들의 뇌리에 각인됐다. 마케팅이 무엇인지, 홍보가 어떤 것인지 잘 알고 있었던 아버지로서는 대만족이었다. 그런데 몇 해 뒤, 아버지는 봉황대상 제도를 스스로 중단했다. 우리나라 최초로 소비자 투표에 의해 우수 상품을 선정하는 이 제도는 폭발적인 호응을 얻었다. 소비자와 기업 모두 그 결과에 주목했다. 우리나라 최초의 소비자 보호 운동이라는 의미도 갖게 됐다. 그러나 아버지는 곧 투표결과를 발표하는 것에 대해 회의를 갖게 됐다.

'인기투표에 의해 우수상품으로 선정된 회사에는 대단한 영광이지만 경쟁관계에 있는 기업이 감당해야 할 부작용도 크지 않겠는가?'

같은 양복지를 생산하는 두 기업이 있다 치자. A 텍스와 B 텍스 중에 매번 A 텍스가 우수상품으로 선정된다면, B 텍스는 2류처럼 인식되지 않겠는가? 투표라는 것이 개개인의 호감에 의해 좌우되는 측면도 있지 않겠는가? 이런 생각이 들었을 때, 아버지는 주저 없이 사업적인 기회를 포기했다.

아버지는 경쟁관계라는 상대적인 가치보다는 선택되지 않은 상품에 대한 윤리, 즉 상업 윤리라는 절대적인 가치를 중요하게 생각했다. 또한 아니라고 생각하면 언제든 그만둘 수 있는 유연한 사고를 갖고 있었다.

여성이 깨어야 한다

아버지는 미래에는 여성이 경제의 주축이 될 것이라고 내다봤다. 그리고 여성들이 경제신문을 보면서 주식을 살 수 있을 정도가 되어야 우리 경제가 발전할 수 있다고 믿었다. 이러한 배경에서 아버지는 여성들에게 경제교육을 시키는 것이 급선무라는 생각을 하게 됐고 1968년 6월 주부들과 직장여성들을 위한 '생활대학' 강좌를 개설하게 되었다. 이것은 소비자 보호 운동과도 맥을 같이 했다.

66 한국부인회에 자원봉사를 하고 있었던 시기다. 세정에 대한
세미나를 계획하고 정진기 사장께 강의를 부탁했고 이런 인연으로
정 사장을 알게 됐다. 어느 날 매경 1기 전민자 기자가 집으로 찾아
와 정 사장께서 긴요하게 상의할 일이 있으니 회사로 방문해 달라

1967년 4월 27일 소비자 보호를 위한 계몽강좌에서 연사로 참석, 소비자의 권리와 여성의 역할을 강조했다.

1978년 3월 5일 아버지가 여성교육에 이바지한 것이 인정되어 감사패를 받았다.

고 했다.

정 사장은 곧 주부들을 위한 생활대학을 개설할 계획인데 이 일을 도와줄 수 없느냐고 말했다. 신문사가 보도기관인 동시에 성인 교육 기관의 역할을 맡아야 한다는 사실을 강조하면서.

이때 정 사장은 사람을 설득하는 능력이 있었다. 신문을 키우겠다는 열정이 대단했고 그 열정에 나는 감동했다. 그 자리에서 최선을 다해 돕겠다고 약속을 했다.

1968년 6월 19일. 제1회 생활대학이 열렸다. 100명이 넘는 사람이 참석해 일단 성공이었다. 프로그램이 끝난 후에는 정 사장이 일일이 수료증을 전달했다. 강좌가 계속되어 차차 소문이 퍼지고 반응이 높아졌다.

이 같은 소식이 미국에 있는 소비자 연맹본부에 전해지자 (1978년-필자 주) 카터 대통령의 소비자 보호 보좌관인 피터슨 여사가 내한해 정 사장과 면담이 이루어졌다. 매경의 주부교육이 유명해지자 동아 방송에서는 1년 동안 주부와 소비자를 위한 프로를 만들었다.

-홍순복, 《특근기자》

생활대학의 강좌는 소비자의 계몽훈련, 상품선택 및 활용 방법 그리고 주식정보 및 조세정보를 주 내용으로 하여 점차 건강과 자녀교육에 이르기까지 다양한 생활교육으로 발전되었다. 아버지는 강의도 하고 직접 수료증을 수여하기도 했다. 또한 아버지는 수강생이 많고 적고를 따지지 않고 시간이 허락하는 대로 여성을 위한 강연요청에 응했다.

> "한번은 창업주가 강연하는 모 여성단체 지역구 모임을 취재했는데 이때 수강생은 겨우 20여 명밖에 지나지 않아 보기에도 민망했었다. 그러나 창업주 말씀은 청중의 수가 문제가 아니라 강연내용이 사람을 불러 모으게 된다면서, 수강생들의 전달교육에 기대를 걸어야 한다고 하시는 것이다."
>
> -전민자, 《특근기자》

더불어 자신의 딸을 생각하며 매일경제신문에 들어온 여기자들에게도 아버지처럼 자상하게 대해줬다.

> 어느 무더운 날 인천에서 있었던 여성단체 강좌를 취재하다 더위를 먹어 병이 나고 말았다. 뒷날, 이 소식을 들은 사장께 불려 갔더니 금일봉을 주시는 것이었다. "열성으로 취재하다 병이 났다

생활대학에서 아버지가 수강생에게 수료증을 주고 있다.

니 약값은 사장이 줘야 하지 않겠느냐"는 말씀이었다.

또, 1966년 12월로 기억된다. 각 언론사 여기자들의 모임인 여기자 클럽 회의가 YWCA 회관에서 있었다. 그런데 이 회의를 내게 알려주고 참석을 권유한 사람은 바로 사장이었다. 선배 여기자가 없어 클럽 소식을 듣지 못한 탓도 있지만 아직 올챙이 신세를 면치 못해 불쑥 나서기가 서먹서먹한 입장이기도 했다.

사장께선 당시 여기자 클럽 회장이었던 정광모 님에게 직접 전화를 걸어 잘 부탁한다는 당부까지 해 주셨다.

그 뒤 1968년 초에는 클럽 주관으로 여기자들이 일본을 방문할 기회를 가졌다. 문제는 '여행경비 중 비행기 요금은 회사가 부

1978년 7월 미국 백악관 소비자문제 고문에게 우리나라 소비자 보호 운동 현황에 대해 설명하고 있는 아버지.

1978년 7월 미국 백악관 소비자문제 고문 강연 후 필자와의 기념 사진.

담한다'는 조건이었다. 사실 편집국 분위기로 봐서 취재목적도 뚜렷하지 않은 외유 계획을 승인할 것 같지 않았다. 다행히 사장실까지 보고가 올라갔는데 바로 결재가 났다.

출국하는 날 사장께서는 따로 점심을 사주시며 "다른 신문사 여기자들에게 꿀리지 말고 마음 푹 놓고 여행을 다녀오라"고 당부했다. 그 덕에 난생 처음 일본 여행을 할 수 있었다.

-전민자, 《특근기자》

광고에 대한 선구적 안목

아버지는 1년 동안 신문사 운영을 하면서 일반인은 물론 광고업에 종사하는 사람들까지도 광고에 대한 인식이 거의 전무하다는 것을 알게 됐다. 그 당시 신문광고는 지금 같이 적극적으로 마케팅하고 과학적으로 분석하는 것과는 거리가 멀었다. 동판에 그림과 글을 새겨 조판에 넣고 인쇄하는 것이 전부였다. 그래서 신문사 광고국에서 일하는 직원들에게 "광고업무가 무엇이냐?"고 물으면 "동판 주고받는 것"이라고 답할 정도였다.

전반적으로 우리나라 경제 수준이 낮으니 광고 수준도 낮을 수밖에 없었다. 이러한 환경에서는 좋은 인력이 광고영업부문에 투입될 수 없으며 효과적인 훈련받을 기회조차도 많지 않았다. 그렇다고 경제 수준이 높아질 때까지 가만히 앉아서 기다릴 아버지는 아니었다.

아버지는 우선 매일경제신문의 광고사원들부터 교육했다. 광고 이론에 대한 전문서적을 읽게 하고 리포트도 제출하게 했다.

그리고 '광고는 자본주의의 핵심 산업이며, 광고가 발전해야 신문도 산다'고 생각한 아버지는 1967년 11월, 외국 전문가를 초빙해서 무료 광고 세미나를 실시했다. 언론사 최초의 '한일 광고 세미나'였다. 아버지는 그 이후에도 광고계를 위해 아낌없는 지원을 했다.

> 1968년에 국제 광고 협회 한국지부가 결성됐다. 회원은 열 명 남짓이었다. 회원 대부분은 신문사 광고국장, 부장 들이었다. 세계 유일의 광고단체여서 한국도 동방의 은둔국에서 벗어나는 계기가 됐다. 그러나 사무실이 없었다. 이 말을 들은 정 사장은 곧 (사장실 옆) 작은 방 하나를 비워주었다. 소공동의 매일경제신문사(고옥_{古屋} 3개층만 세 들어 있었다–필자 주) 스스로도 비좁은 처지였는데 무척 고마운 일이었다.
>
> 1971년 7월에는 한국 광고 협의회가 탄생했다. 이 협의회의 1년 예산이 300만 원이었다. 그런데 1975년에 정진기 사장은 한국 광고 협의회를 위해 200만 원의 기금을 희사했다. 1975년 200만

원이란 돈은 전5단짜리 광고 11개에 맞먹는 거액이었다.

1974년이었을 것이다. 매경 판촉의 일환으로 라디오 방송광고
를 이용하게 되었다. 그런데, 이해 크리스마스 다음 날부터 세칭
'동아 광고 사태'가 일어났다(동아광고 사태는, 박정희 정권에 비판적인
동아일보에 대해 중앙정보부에서 광고주들을 압박, 강제로 동아일보에 광고
를 싣지 말도록 한 사건이다. 1975년 7월 16일에 동아일보가 비판적인 기자
를 해고하면서 광고 압박이 풀렸다. 이 때문에 광고를 실을 수 없었던 동아
일보는 광고란을 백지로 내보냈고, 사회 각계각층에서 동아일보에 격려 광
고를 실었다-필자 주).

신문에서 시작된 백지 광고는 드디어 동아 방송에도 번졌다.
내 기억으로는 미지막끼지 광고를 계속한 광고주는 매경이었던 것
으로 생각된다. 대단한 일이었다.

정진기 사장은 가장 자유로운 언론이 상업 언론이며, 광고 산
업이 발전해야 언론이 자유로워진다는 것을 믿었다.

-신인섭 전 나라기획 회장, 《특근기자》

매일경제신문은 1970년에 광고 연구센터를 설립하고,
1974년에는 한국광고인 대상을 제정했다. 1975년에는 국내 최
초의 광고 연구기관인 매경 광고 연구소를 발족시켰다. 1979

년부터는 한일 합동 광고 세미나를 연례행사로 주최했는데 이 세미나는 광고 분야 전문인 양성에 많은 기여를 했다. 아버지는 개인적으로 업적을 생색내기 위한 것이 아니라 진정으로 광고계를 발전시키고 싶었기 때문에 광고인 대상 시상에 공정한 자세를 유지했다.

> 1974년의 어느 날 정진기 사장이 광고인 대상 제도를 신설하고 싶다며 만나자고 했다. "김 교수가 조선일보사의 조일광고상 심사위원장을 여러 해 역임했으니 그 경험을 살려 많은 조언을 부탁한다"는 것이었다.
>
> 고인은 한국 광고인 대상 심사에 있어서 한 번도 심사위원들에게 사적으로나 공적으로나 특정인을 추천하거나 민 적이 없었다.
>
> "심사위원 여러분들이 선정하면 매경은 그 결정에 따르겠다"는 자세를 타계할 때까지 고수하셨다.
>
> 한번은 내가 넌지시 "혹시 정 사장께서 추천하고 싶은 분이 있으면 추천해 주시오" 했더니 웃으면서 "난 김 교수가 이런 말을 할 줄로는 꿈에도 생각 못했는데? 아무 부담 갖지 말고 소신껏 선정하십시오" 하며 심사 장소를 일부러 피해나갔다. 이때 고인이 공사 구분을 명확히 하는 자세를 가진 것에 대해 존경심이 일었다.
>
> -김동기 전 고려대 경영대학원장, 《특근기자》

광고는 자본주의의 꽃이란 말이 있다. 한 송이 국화가 피어나기 위해서는 봄부터 소쩍새가 열심히 울어야 한다. 아버지는 광고라는 꽃을 만개시키기 위해 시인의 마음으로 잠을 설쳤는지도 모른다.

정주영 회장과의 인연

1974년 후반, 아버지는 백인호 기자를 사장실로 불렀다. 백 기자는 평소 고 정주영 현대 그룹 회장과 자주 인터뷰를 하면서 서로 안면이 있는 사이였다.

"사장님 부르셨습니까?"

"거기 앉게. 현대그룹 정주영 회장 있지?"

"네."

"그분이 아무래도 하동 정씨인 것 같아. 내 대代가 '기基'자 돌림이고, 그 다음이 '회會'자, 그리고 그 다음이 '영永'자잖아."

"아, 그렇네요?"

"자네가 정 회장님을 뵙고 하동 정씨 아니냐고 여쭤보게."

"네. 걱정 마십시오."

"그리고 자네 경렬사 알지? 하동 정씨 사당 말이야. 너무 낡

아서 보수 공사를 해야 하는데. 정지 장군 비석과 주변 조성 공사도 해야 하거든. 거금이 들어서…. 자네가 정 회장님께 동참을 부탁드려보게나."

백 기자는 며칠 후 아버지의 심부름으로 고 정주영 회장을 만나러 갔다.

"회장님! 매일경제신문의 백 기자입니다."

"어, 자네. 웬일인가?"

"회장님! 회장님이 하동 정씨 문중이라고 들었는데요?"

"뜬금없이 무슨 소리요? 누가 그런 말을 했습니까?"

"저희 사장님께서 하동 정씨가 아니신지 한번 확인해 보라고 했습니다."

"아, 그래요? 정 사장님은 내가 하동 정씨인 것을 어떻게 아셨을까요? 역시 대단한 분이구면."

백 기자가 정지 장군 비석 이야기를 꺼내자 고 정주영 회장이 즉석에서 도와주겠다고 약속을 했고, 그 약속을 지켰다고 한다.

이러한 인연으로 고 정주영 회장과 아버지는 가까운 사이가 되었다. 두 사람은 만나면, 세계 경제 현황, 우리나라 경제 문제, 그리고 문중에 관계된 일 등에 대해 시간 가는 줄 모르고 대화를 나누곤 했다.

고 정주영 회장은 아버지가 돌아가셨을 때 너무나 애통해하며 추모사를 해주었다. 고인에게 늦게나마 감사의 말을 전하고 싶다. 고 정주영 회장은 아버지에 대한 특별한 기억이 있다.

" 언젠가 정진기 사장이 내 집에 찾아 왔기에 반갑게 맞아 줬더니 "신년 세배를 왔다"고 하기에 속으로 고맙게 생각했다. 정 사장은 그 후 매년 신년인사를 왔는데 각 기업의 윗분들에게 한 해의 후의에 감사하고 새해에도 많은 지원을 바란다는 의미에서 꼭 세배를 다녔다. 신문사 사장 중에서도 예의 바른 화제의 인물이었다.

우리나라가 100억 달러 수출 달성을 했던 '수출의 날'로 기억한다(1977년 12월 22일-필자 주). 각 수상 기업에서 앞 다투어 매일경제신문에 전면광고 신탁을 했는데 8면 신문의 지면 제한이 있어 귀중한 광고를 다 수용·게재할 수 없게 되자. 정 사장은 "전 기업체가 우리 신문의 큰 고객인데 누구 것은 싣고 누구 것은 뺄 수 없다"며 전부를 게재 거부하는 대신. 수상 기업 하나하나를 치하하면서 5단 광고란에 똑같은 크기로 소개했다. 막대한 광고료 수입을 마다하고 신문의 책임을 다하는 정직한 경영인 상을 보여주었던 것이다.

(매경 초창기에) 한번은 정 사장이 내 사무실로 찾아와서 "정 회

장님. 꼭 부탁드릴 것이 있습니다" 하기에 나는 광고 이야기를 하려는 것으로 알고 말 나오길 기다렸다. 그런데 그의 이야기인즉. "정 회장님. 현대 산하 기업의 좋은 기사 거리가 있으면 저희 신문에 실리도록 뉴스 자료를 많이 보내주라고 각 기업에 지시해 주십시오" 하는 것이었다.

그래서 내가 "광고는 잘 들어오느냐"고 물었더니. "아직은 신문의 발행부수가 적어 광고 효과도 크게 기대할 수 없으니 우선 모든 기업인이 필요로 하는 신문. 공신력 있는 신문을 만드는 데 노력하고 있습니다"고 말하면서 어디까지나 겸손했다.

"좋은 기사가 많이 실리다 보면 자연히 좋은 광고도 나오겠지요" 하는 독백으로 평소의 소신을 들려주던 그의 정직한 태도가 무척 인상적이었다.

-고 정주영 회장, 《특근기자》

광고를 부탁하는 것은 물고기 한 마리를 달라는 것과 같다. 그러나 좋은 기사 거리를 부탁하는 것은 물고기 잡는 법을 알려 달라는 것과 비슷하다. '좋은 기사가 많이 실리면 사람들이 많이 보게 되고, 그러다 보면 광고도 실리게 된다'는 아버지의 생각은 신문과 광고에 대한 본질을 정확히 꿰뚫어 본 것이었다.

'군자무본 본립이도생君子務本 本立而道生, 군자는 근본에 힘쓰니, 근본이 서면 도가 생긴다.' 논어에 있는 말이다. 아버지는 이런 신념으로 고 정주영 회장을 만났던 것 같다.

제2의 창간: 미결은 없다

1969년 매일경제신문의 키워드는 '미결(未決, 아직 결정하거나 해결하지 않음)은 없다'였다. 미결을 없애기 위해 아버지는 두 가지 큰 숙제를 해결하려고 했다.

첫째는 사옥을 매입하여 증축하는 일이었다. 건평 94평 규모의 3층 고옥古屋에 윤전기 활자까지 집어넣고 나니 100여 명의 사원은 발 들여 놓을 틈도 없었다. 앉을 자리가 모자라 서성거려야 했으며, 기사 쓰는 책상을 차지하기 위해 아수라장이 되곤 했다. 사장실도 옹색하여 외부 손님 맞을 공간도 없었다. 그러던 차에 1968년 말 아버지는 증축을 결심했다. 앉은 자리에서 조금 내몰리고 3층을 5층으로 올리는 공사였다. 1969년 2월 7일에 완공되었을 때는 종전보다 2배 이상으로 늘어난 건평 208평의 5층 건물이 되었고 정문도 인도 쪽으로 낼 수 있었다.

1969년 증축된 매일경제신문사 편집국 근무 모습.

근처 다른 건물에 비하면 학고방 같았지만 아버지를 위시하여 모든 사원들이 만족해했다.

둘째는 새 윤전기의 발주였다. 아버지는 새 윤전기를 바꾸는 과정에서 무척 마음고생을 했다. 그 당시에는 너무 괴로워 말을 안 하다가 4년 뒤에야 그 사실을 말했다.

"1969년 중 사장으로서 미결을 없애야 했기 때문에 저속윤전기를 고속으로 바꾸기로 했다. 발주와 함께 윤전과 사원들에게 기술을 습득하도록 지시했다. 그러나 상당수가 이를 게을리했다. 미결을 없애라는 내 말을 외면했던 것이다."

이는 2~3년이 지난 후 당시의 윤전과 사원들은 한 사람도 남아있지 못하는 결과를 낳았다. 이때 아버지의 마음은 어떠했을까?

한편 새 윤전기는 1년 조금 넘게 제작된 끝에 1969년을 넘겨서 1970년 12월 5일에야 비로소 설치되기 시작했다. 당초 예상대로라면 시윤에 들어갔어야 할 시기였지만 제작·선정과정과 운반과정에 문제가 생겨 늦어졌다. 서둘러 가동 준비를 한다고 해도 1971년 신년호를 새 윤전기로 찍기 어려운 형편이었다. 그러나 아버지는 1970년대를 대비하기 위해 사원들 앞에서 한 공약을 1년 이상 지체할 수는 없었다. 무슨 수를 써

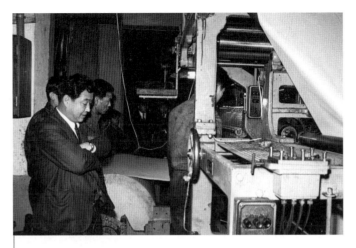
1970년 새 고속윤전기 가동식.

서라도 지켜야만 한다고 생각했다. 아버지는 철야작업을 지시
했고 당신도 밤늦게까지 작업장을 지켰다. 이렇게 해서 새 윤
전기는 마지막 순간인 12월 30일 저녁에야 가동이 가능해졌다.

주변에서는 신년호를 종전 윤전기로 찍고 사실상 신년 첫
신문인 4일자부터 새 윤전기로 신문을 찍자고 했으나 아버지
는 '그 차이란 엄청난 것'이라며 밀고 나갔다. 아버지는 그만큼
1970년대 준비에 미결이 있어서는 안 된다는 생각이 확고했던
것이다.

사원들이 그만둘 수밖에 없었던 윤전기 발주사건으로, 아

버지는 어떻게 하면 '미결은 없다'는 것을 사원들에게 이해시킬까를 고민하게 되었다. 상징물로 보여주면 이해하기 쉬울 텐데 어떤 것이 있을까 고심하다가 서랍 없는 책상을 고안해냈다. '서랍이 없으면 서류를 넣어둘 곳이 없어서 일을 신속하게 처리할 수 있지 않을까?' 하면서.

서랍 없는 '괴물 책상'을 본 사람들은 아버지의 생뚱맞은 생각에 어안이 벙벙했다. 그럴 때면 아버지는 "뭘 그리 놀라나요? 내가 빨리 결재해 주니까 좋지 않습니까?" 하고 결재서류에 도장을 찍어주곤 했다. 아버지는 속으로 사원들이 이 책상을 보면서 '미결은 없다'는 당신의 심정을 알았으면 하면서.

"이제 '미결은 없다'는 캐치프레이스가 끝나니 사상이 우리를 몰아치는 일이 덜 있겠군" 하고 사원들이 안심하고 있던 1969년 12월 31일 마지막 날에 사원 중 그 누구도 예기치 못한 사건이 벌어졌다. 그날부터 '제2의 창간'을 하겠다며 당신이 100일 동안 편집국장 직무대행을 겸한다고 발표한 것이다.

편집국장 직무대행

아버지는 권위 있는 신문을 만들기 위해서는 탁월한 식견으로 쓰고 제작한 기사, 빠른 인쇄, 신속한 배달이 서로 상호 유기적으로 작동되어야 한다고 믿었다. 창간호부터 인쇄 때문에 마음을 졸여야 했던 아버지는 고속윤전기가 발주됨에 따라 사원들에게 처음으로 권위 있는 신문을 만들겠다는 포부를 밝힐 수 있었다.

"내가 100일 동안 편집국장을 맡는다고 당장 권위지가 되는 것은 아니지만 이대로 가다가는 우리 신문도 도토리 키 재기 식이 되고 만다. 그럴 수는 없다. 경제신문의 제작방향에 대해 그동안 편집국을 교육시킬 생각이다. 내가 제시하는 모델을 따르면 머지않아 매일경제신문은 권위지가 될 수 있다고 확신한다. 모두 새로 창간하는 각오로 일해 달라."

여기서 아버지가 제일 중요하게 생각한 것은 기자들에게 문제의식을 갖게 하는 것이었다.

"나는 그동안 수차례 기자들에게 문제의식을 가질 것을 강조해 왔다. 전체 회의석상에서 또는 개인적으로 기사 하나 하나를 예로 들어가며 설명을 했다. 그러나 사장이 기대한 만큼 효과는 크지 않았다. 나는 말로만 문제의식을 가지라고 해서 문제의식이 생기는 것은 아님을 뼈저리게 느꼈다. 편집국 사람들에게 어떤 것이 문제의식이 있는 기사인지, 어떤 식으로 기사를 다루어야 하는지 직접 보여주어야겠다고 결심했다."

아버지는 사장 겸 편집국장 직무대행으로 있는 동안 다양한 기획기사를 만들면서 매일경제신문이 앞으로 가야 할 방향을 제시해 줬다. '대망의 70년', '민족중흥의 길', '번영에의 길' 등이 그것이었다. '대망의 70년'에서는 "우리 후손들을 위해 인내하자"고 독려했고, 10회에 연재했던 '민족중흥의 길'에서 속도 위주의 경제개발이 가져다 준 많은 문제에 대해서 예리하게 지적했으며 동시에 밝은 미래를 위해 필요한 대안도 내놓았다.

> 1960년대에 있어서 한국 경제는 역사적으로 보아서도 그 유례가 보기 드문 고성장의 실적을 보였다고는 하나. 산업구조의 자립적 측면이 도외시된 양적 성과 일변도 정책이었으며 의존체제

및 산업의 불균형 발전의 시정이라기보다는 계승적 확대 정책이 되고 말았다. 1970년대는 한마디로 고경쟁을 향한 신산업사회 형성의 단계라고 규정할 수 있는데, '규모의 경제'가 중시되는 시대라고 할 수 있다. 이 시대야말로 대화와 설득이 필요하며, 건전한 참여의식을 바탕으로 폭넓은 재편성을 향하여 새로운 차원에서의 성장기둥이 재연되어야 할 것이다.

-백영훈 박사 기고, '민족중흥의 길' 산업편

'번영에의 길'에서 아버지는 "대외적으로는 국제 신의가 뒷받침되어야 하고 대내적으로는 적은 빚으로 많은 건설을 이룩하여 곧 민족자본 축적에 기여하도록 하는 것이 급선무다"라고 했다.

아버지는 편집국장 직무대행을 하면서 신문제작에 있어 미비했던 점을 반성했던 것 같다. 편집국장 직무대행이 끝나자마자 아버지는 1970년 3월 24일 창간 4주년 되는 날 '사설란을 신설한다'는 사고를 냈고, 4월 1일 '담세 한계성과 조세 저항'이라는 제목으로 첫 사설을 내놓았다.

사설란을 신설한 배경에 대해 아버지는 이렇게 말했다.

"사설은 곧 여론을 마무른다고 합니다. 구구한 여론에 교통

정리를 하고 서로 엇갈린 의견에 시비를 가림으로써 사시에 바탕한 '매일경제신문의 주장'을 내세우고자 합니다."

아버지의 편집국장 직무대행 시절 웃지 못할 어이없는 사건이 발생했다.

1970년 2월, 아버지는 세계적인 권위지 뉴욕타임스가 발행한 《엔사이클로피딕 알마낵Encyclopedic Almanac 1970》을 보고 있었다. 그는 자신의 눈을 의심했다. 한국란에 실린 내용 중 이런 구절이 있었다.

'박정희 대통령은 1930년에 태어났다.'—실제는 1917년이다.
'조선 왕조를 창건한 사람은 이성주나.'
'조선을 세운 이성주는 중국의 장군이었다.'

《엔사이클로피딕 알마낵》에는 한국에 대한 각종 경제 지표에 대해서도 10여 개 이상 틀린 지수도 있었다. 이 연감은 '세계의 달력'이라는 별명이 붙을 정도로 각종 자료를 폭넓게 싣고 있을 뿐 아니라 정확성에서 정평이 나 있었다. 세계적으로 200만 부나 발행된 책이었다.

그렇게 평판이 좋은 연감에서 우리나라에 대한 인식과 관심이 부족하다는 사실에 아버지는 분개했다. 그냥 지나치면 안 되겠다고 생각했다. 당장 다음 날인 1970년 2월 27일자 매일 경제신문 머리기사로 이와 같은 오류에 대해 보도했고 이 뉴스는 UPI 통신을 통해 서울발 기사로 전 세계에 전해졌다. 아버지는 신문사 사장으로서 세계적인 특종을 하게 된 셈이었다.

아버지에게 특종보다 더 중요한 사실은 잘못을 시정하는 일이었다. 아버지는 뉴욕타임스 편집국장 앞으로 정정을 요구하는 편지를 보냈다. 편지를 받아 본 D. M. 번스타인 편집국장은 '다음 판에서 잘못을 바로 잡겠다'는 내용의 공식 사과문을 보내왔다.

다양한 마케팅 전략

아무리 신문을 잘 만들어도 판매가 되지 않으면 아무 소용이 없다는 것을 아버지는 잘 알고 있었다. 그래서 아버지는 홍보를 소홀히 할 수 없었다.

초창기에는 요즘 말하는 '입소문' 마케팅 전략을 썼다. 소비자 보호 운동의 일환으로 '우수상품'을 선정하는 과정에서 전국에 100만 장의 투표용지를 배포함으로써 '매일경제신문'이라는 단어를 사람들에게 익숙해지도록 했다. 또 '매일경제신문사에서 소비자 보호 운동을 한다네' 하면서 사람들을 통해 '입소문'으로 매일경제신문사가 알려지기도 했다.

아버지가 또 하나의 '입소문' 전략으로 생각해낸 것은 언론인 체육대회의 활용이었다. "체육대회에서 우승하면 한편으론 돈 안 들이고 TV, 라디오, 신문 등에 나올 것이고, 또 매일경제신문이 우승했다고 사람들의 입에 오를 것이다. 또 한편으로는 사원들의 사기를 높일 수 있고…" 아무 말 없이 가만히 앉아 있던 아버지의 얼굴에 미소가 보였다.

아버지는 전 사원과 함께 연습을 통해 먼저 실력을 길렀다. 그리고 입장식에서 매일경제신문을 알리는 부분까지 꼼꼼하게 신경을 썼다. 아버지는 승리의 상징인 포효하는 호랑이 얼굴이 그려져 있는 깃발을 들고 입장하게 했다. 마치 '무서운 호랑이를 피해 길을 비키라'는 듯이.

이러한 정성이 통했는지 매일경제신문이 우승해 대통령기를 차지했다. 그리고 아버지가 생각했던 것처럼 이 체육대회는 매일경제신문의 저력을 알리는 계기가 됐다. 사원들도 하나가 되어 최선을 다하면 어떤 일도 할 수 있다는 경험을 통해 사기가 올라갔다.

아버지는 매일경제신문 초창기 시절 동양방송에서 방송된 '라디오 재판'이라는 프로그램에 6개월간 출연한 적이 있었다. 이 프로그램은 가장 이슈가 되는 사회문제 하나를 주제로 정해 구체적으로 판사와 검사가 찬성과 반대발언을 하며 토론하면, 판단은 청취자들이 하는 방식으로 진행되었다. 아버지는 이 프로그램을 준비하면서 많은 공부를 할 수 있고 매일경제신문도

전국언론인체육대회에 참가하는 매일경제신문 선수들의 패기에 찬 입장 모습.
1970년 5월 17일 제8회 대회 때는 우승을 차지해 대통령상을 수상했다.

알릴 수 있다는 생각에 출연요청을 받아들였다. 아버지는 당신을 소개할 때 '정진기 매일경제신문사 사장님'이라는 멘트를 청취자들이 들을 것이 아니냐고 했다.

이때 아버지는 라디오 광고가 가격 대비 효과가 크다는 것을 눈여겨봐 두었다. 그리고 좀 더 적극적으로 매일경제신문을 홍보해야겠다고 생각했을 때 라디오에 광고를 시작했다.

신문이 라디오에 광고하는 것은 언론계에서 처음 있는 일이었기 때문에 아버지가 직접 '광고문안'을 작성할 정도로 신중을 기했다. 1971년 9월 1일 아침 10시, 동양방송으로 매일경제신문 홍보의 목소리가 첫 전파를 탔다.

이제 매일경제신문을 읽을 때가 왔습니다. 경제 지식의 토대 없이는 올바른 경제생활을 해 나갈 수 없는 세상이 됐기 때문입니다. 앞으로의 기업 정세는 격동할 것으로 예상됩니다. 우리는 잠시도 쉬거나 주저할 수 없습니다. 치열한 생활전선에서 승리해야겠습니다.

이 광고를 들은 청취자들은 신기해했다.

"이게 뭐지? 라디오로 신문을 선전하네?"

"매일경제신문을 보면 돈을 번다고?"

"신문이 금덩이도 아닌데 어떻게 돈을 벌 수 있다는 거지?"

광고의 반응이 좋자 동아방송과 문화방송, 그리고 기독교 방송으로 확장해갔다. 그런데 동아방송에서는 광고시간이 짧아 시간에 맞게 임의로 문구를 고쳐주었다.

매일경제신문은 국내 유일의 종합경제지로서 현대인의 필수품입니다. 매일경제신문은 모든 정책 수립의 사전이며 흑자경영의 안내자로 등장했습니다.

원안과 판이하게 다른 내용이었지만 결과적으로 더 효과가 좋았다. 유일, 필수, 사전 같은 단어가 사람들 귀에 쏙쏙 들어왔다. 이 라디오 광고는 4년 동안 지속되면서 매일경제신문을 알리는 데 큰 역할을 했다.

아버지의 대담하고 엉뚱한 발상이 한 번 더 빛을 발한 적이 있다. 1980년 조선일보와 동아일보가 창간 60주년을 맞이했을 때 두 신문의 1면 전 5단에 축하광고를 실었다.

창간 60주년을 축하합니다. 민족을 끌고 밀어온 필봉 60년, 민족의 애환이 깃든 길이었습니다. 사명이 커서 고난이 따랐어도 기수이어야 한다는 다짐이 굳었기에 영광도 큰 것이었습니다.

- 미래를 창조하는 매일경제신문

국내 굴지의 종합지 창간을 축하하는 광고를 내어 해당 신문사에 스폰서를 한 것이었다. 신문이 신문에 광고하는 것을 통해 아버지가 말하고 싶은 것은 이것이 아닐까?

'세상은 하나다. 매일경제신문은 이 하나 속에 속해 있다.'

4장

공부합시다

아버지를 가르치러 영어 과외 선생님이 우리 집에 왔었다.

공부 시간은 아버지의 출근 전인 오전 6시쯤이었다.

나는 '아이들만 공부하는 줄 알았는데 어른도 공부하는구나' 하며 신기해했다.

호기심에 아버지가 공부하는 것을 엿듣다

아버지 기침소리가 나면 화들짝 놀라 도망가곤 했다.

불황탈출의 길

　1971년의 국내 경제상황은 최악이었다. 우선 세계적인 경기후퇴와 세계무역량의 감소가 국내 경제에 악재로 작용했다. 그리고 경제개발을 착수하면서 차입했던 차관금상환 만기일이 도래했고, 1970년을 마지막으로 미국의 원조도 중단되었다. 게다가 원유와 원자재 가격까지 급등하면서 기업들의 비용부담이 증가되었다. 파병 철수 결정으로 월남경기까지 후퇴하면서 '월남특수'를 누렸던 기업들도 도산하기 시작했다.

　살아남은 기업들 역시 은행은 물론이고 사채시장에서 막대한 자금을 빌려 놓고 전전긍긍하고 있었다. 투자가 거의 없었고 긴축 상황이 지속되면서 물가가 치솟았지만 경제학자들은 불황인가 아닌가를 놓고 갑론을박을 벌일 뿐 상황에 대한 처방은 뒷전이었다.

아버지와 박충훈 총리와의 대담: 아버지는 정부가 하는 일을 신문에 알리면서 정부와 국민의 가교 역할을 하는 데 앞장을 섰다.

1971년 3월 24일 제1회 이코노미스트상 시상식에서 민병구 서울대 의대 교수가 수상하고 있다.

정부에서는 긴축 정책을 펴면서도 긴축이란 말을 받아들이지 않았고 불황이란 표현을 쓰면 큰일나는 것처럼 민감한 반응을 일으켰다. 경기라는 것은 호황과 불황이 있게 마련인데, 경제개발 이후 계속되는 성장의 맛을 본 정부와 국민은 불황이 닥친다는 사실을 쉽게 받아들이지 못했다. 매일경제신문 내에서도 불황인가 아닌가 하는 것을 두고 의견이 분분했다.

그러나 아버지는 이런 현상을 불황이라고 정확히 진단했다. 이해 8월부터 '불황탈출의 길'이라는 57회의 연재물을 게재하면서 지면을 통해 불황의 심화를 경고함과 동시에 대안을 제시했다.

"우리 경제는 1970년 이후 뚜렷한 리세션Recession 현상을 나타내고 있다. 1968~1969년을 정점으로 산업활동이 둔화되고 특히 제조업 성장률은 해마다 낮아지고 있었다. 기업수익률과 기업재무구조도 갈수록 악화되고 있었다. 정부는 이러한 현상을 안정화를 위한 조정기적 현상이라고 했지만 이것은 뚜렷한 스테그플레이션 현상이다. 현주소를 정확히 파악해야 그 대안을 세울 수 있지 않겠는가? 정부는 부실기업의 과감한 정리, 영세기업의 종합, 수출주도형 체제로의 전환, 산업재정비 작업에 착수하고 국민적 총화를 위한 과감한 서정庶政 쇄신과 경제적 정의 실현에 노력해야 할 것이다. 그리고 업계에서는 이윤

1971년 3월 24일 이코노미스트상 시상식 후 아버지가 수상자·관계자들과 담소를 나누고 있다.

의 증대를 꾀하고 절약과 능률을 운영지침으로 삼아 하나에서 열까지 합리화를 꾀해야 할 것이다. 또한 생산기능을 다시 점검하고 시장을 분석해보며 기업내부구조의 구석구석을 살펴 비합리를 제거시키는 노력도 해야 할 것이다.”

창간 5주년을 맞아 '이코노미스트 상'을 제정, 건전한 경제 여론을 주도한 경제평론가에게 시상한 것도 국민에게 정확한 경제 정보를 제공하기 위한 노력의 하나였다. 그러는 한편 신문사 내에서도 경비를 절감하고 불황에 대비했다.

1971년 12월 6일, 정부는 국가 비상사태를 선포하고 '언론 자율정화'를 요구했다. 이 조치로 몇몇 신문사가 문을 닫고 기자가 대량 감원되는 사태가 이어졌다. 판매기반이 약한 지방신문이나 경제신문들은 휘청거렸다. 그러나 '제2의 창간'을 제창하면서 1970년대를 준비해온 매일경제신문은 이런 위기를 잘 극복할 수 있었다. 그에 대해 아버지는 이렇게 회고했다.

"당면한 문제가 많고 현실은 어렵습니다. 그러나 나는 매일경제신문은 분명히 존속할 수 있다는 확신을 갖고 있습니다. 내가 잘나서도 아니고 또 여러분이 잘나서도 아닙니다. 나와 여러분이 어려운 해를 극복할 수 있는 슬기로운 지혜를 지난 1년 동안 키워왔기 때문입니다."

그렇지만 아버지는 "이 어려운 시기에 살아남는다 해도 1년이나 2년, 5년 또는 10년 후에는 매일경제신문이 사라질 수 있다는 점을 잊어서는 안 된다"며 긴장을 늦추지 않도록 했다.

1972년 10월 17일 오후 7시. 10월 유신이 선포되었다. 비상계엄령과 동시에 4개항의 특별선언이 발표되었다. 그 내용은 다음과 같다.

첫째, 국회 해산 및 정치활동을 중지하고, 일부 헌법의 효력을 중지한다. 둘째, 정지된 헌법의 기능은 비상국무회의(당시의 국무회의)가 대신한다. 셋째, 평화통일 지향의 개정헌법을 1개월 이내에 국민투표로 확정한다. 넷째, 개정헌법이 확정되면 연말까지 헌정 질서를 정상화한다.

특별선언 이후는 격동의 나날이었다. 국론이 분열되고 여야를 비롯한 찬반 세력이 첨예하게 대립했다. 10월 유신이 장차 어떤 정치·경제적 파장을 몰고 올 것인가? 아버지는 고심하고 또 고심했다.

"1973년은 언론계로서 많은 변화를 겪을 수밖에 없는 해가 될 것이다. 이제 적자생존의 시대가 됐다. 우리 사회는 정치, 경제, 사회, 문화 등 모든 분야에서 낡은 질서를 청산하고 새로운 질서를 모색해야 한다. 모든 독자들과 국민들은 무엇인가 새로운 것을 감지하면서도 그것의 실체를 제대로 파악하지 못하면 동요하게 될 것이다."

그렇다면, 신문의 할 일은 무엇인가? 그는 10월 유신 이후의 변화에 대응해서 올바른 판단을 제시해 주는 일이야말로 매일경제신문의 시대적 사명이라고 생각했다. 매일경제신문이 정확한 진로를 제시해 준다면 독자들로부터 큰 호응을 얻고 나아가 신문이 크게 성장할 기회가 될 것이라고 믿었다. 위기는 늘 아버지에게 기회였다.

"앞으로 3년 안에 매일경제신문은 새로운 사옥을 짓고, 새로운 시설을 마련하고, 새로운 신문으로 거듭나야 한다. 그러기 위해서 우리는 '지식 혁명, 자아 혁명, 그리고 조직 혁명'을 해야 한다"고 역설했다.

아버지는 당시의 갈등은 부의 균형화가 제대로 실현되지 못해서 발생한 경제적 갈등이라고 봤다. 그는 '경제 평등의 시대가 밝아온다'는 제목으로 경제·사회의 균형발전을 주장하기도 했다.

소신 있는 광고게재

아버지는 사원들에게 '새 사옥, 새 시설, 새 신문'이라는 비전을 제시하면서 기한을 3년으로 못 박았다. 1년은 너무 짧고 5년은 너무 길다는 게 그의 생각이었다. 3년 후에 언론계에서 두각을 나타내기 위한 준비로 그가 한 첫 조치는 광고 단가 격차를 시정하는 것이었다.

당시 매일경제신문은 발행부수에 비해 광고 단가가 낮게 책정되어 있었다. 아버지는 광고 단가를 올리고 그 단가를 인정하지 않는 광고는 게재를 거부했다. 그해 연말까지 몇 건의 전면 광고와 1면 5단 통 광고를 거절하기도 했다. '매일경제신문은 제값을 받고 광고를 싣는다. 또한 매일경제신문에 광고를 실으면 그만큼 효과가 있다'는 인식을 심어주기 위해서였다.

아버지가 종종 광고 게재를 거절한 이유는 이외에도 몇 가지 더 있었다. 본질적으로는 변하는 세태에 갈피를 잡지 못하고 방황하는 독자들에게 풍부한 정보를 제공하기 위해서였다. 아버지는 영업수익보다 독자를 위한 정보가 더 중요하다고 생각했기 때문에 광고보다 기사를 한 자라도 더 싣고자 했다. 그리고 사원들이 광고주에게 무리한 요구를 하지 않게 하기 위해서였다.

❝ 어느 날 광고면 지면 계획에 성냥 제조회사가 5단 통으로 잡힌 적이 있었다. 이를 본 사장께서 불호령을 내려 끝내 광고가 집행되지 못했다. 싱냥회사에서 판촉 광고를 자빌직으로 실었을 리 없다는 것이었다.

"푼돈으로 팔리는 성냥을 이렇게 크게 광고할 수 있느냐? 광고 요금을 성냥으로 환산하면 한 트럭분은 될 것이다. 그러니 성냥광고로 요금부담을 줄 것이 아니라, 기사로 판촉을 도와주는 것이 신문의 역할이다."

이 말에 광고를 유치했던 사원의 얼굴이 벌겋게 달아올랐다. 일부 사원은 광고 잡기가 어려울 때 이런저런 사정 다 감안하면 지면을 어떻게 채우느냐고 푸념했다. 그러나 정 사장께선 기준과 상식에 맞지 않는 광고는 절대로 받아들이지 않았다. 천신만고 끝

214

에 유치한 중소기업 광고를 기업 측에 광고비 부담을 줄 수 있다는 이유로 돌려주라고 지시한 것을 보면 창업주가 작은 기업들에 대해 얼마나 큰 애정을 갖고 있었는지 알 수 있다.

성냥회사 광고 사건이 있은 뒤로 창업주의 이 같은 원칙은 한 번도 변경되지 않았다.

-기대현 전 매일경제신문 광고국장 직무대리, 《특근기자》

교육용 신문 보급

아버지는 이 시기에 '교육용 신문 보급'이라는 아이템을 구상했다. 교육용 신문이란, 회사에서 구독료를 부담하고 직원의 집에 신문을 배달하는 것을 말한다. 교육용 신문 보급을 통해서 가정 독자의 분포를 30%에서 40~50%로 늘릴 수 있다고 생각했다. 동시에 매일경제신문이 직장에서 기사 제목만 훑어보는 신문이 되기보다는 가정에서 옆에 두고 사전처럼 읽는 신문이 되기를 바랐다.

아버지는 신문을 교재 삼아 가장은 물론 주부, 아이들까지 공부할 수 있도록 하자는 의도였다. 물론 당신은 이 프로젝트의 어려운 점을 정확히 알고 있었다. 사원 회의 때 "과학적으로 신문의 교육 효과를 증명할 수 없기 때문에 회사 대표에게 구독료가 투자라는 말이 설득력이 없을 수도 있다"고 했다. 그럼에도 "사원, 사원의 부인, 또 사원의 전 가족이 신문을 보고 지식과 아이디어를 얻게 되고 그 아이디어는 결국 회사의 발전을 위해 사용될 것"이라고 믿었다.

이와 같은 취지의 교육용 신문은 두 가지 측면에서 큰 호응을 얻었다. 하나는 사원들이 사무실에서 신문을 읽는 데 소모하는 시간을 줄이는 이점이 있었다. 또 하나는 회사가 부담하는 신문을 무료로 볼 수 있다는 점이었다.

1995년 이후 NIE(Newspaper In Education, 신문 활용 교육)가 유행하고 있는데 아버지는 일찍부터 신문 하나로 가족 모두가 공부하며 대화하는 시스템을 꿈꾸었던 것은 아닐까? 교육용 신문 사업을 위해 아버지는 창간 이후 처음으로 독자들에게 다음과 같은 안내문을 보냈다.

"세계는 적자생존의 논리를 재확인하려는 듯 새로운 경쟁의 시대에 돌입했습니다. (중략) 물가앙등으로 인한 소비자의 외침은 새로운 경영체로 탈바꿈하지 않는 한 모든 기업들이 하루아침에 위기를 맞을 수도 있다는 사실을 말해줍니다. 이러한 실정에 당면하여 국내 유일의 종합 경제지인 매일경제신문은 모든 기업들이 이 어려움을 극복하고 크게 성장할 수 있는 처방을 모색했습니다. 그것은 바로 기업 경영자는 물론, 각 분야에서 일하고 있는 관리층과 직원들의 창조적인 능력을 개발하는 것입니다. 국제 정세의 변동에서부터 정부 정책 방향, 경쟁 회사의 전략, 새로운 경영방식, 소비자들의 요망 등 빼놓을 수 없는 중요 과제들을 전 사원이 빠짐없이 체크하여 기업 경영의 참고자료로 이용하지 않으면 적자생존에서 탈락할 수밖에 없습니다. 세상은 급변하고 있기 때문에 직장에서 신문을 볼 수 있는 시간은 너무 짧습니다. 이러한 사정을 고려하여 매일경제 신문에서는 귀사의 사원들이 가정에 돌아가서도 공부할 수 있는 기회를 갖게 하기 위해 구독료는 회사에서 일괄 부담하고 신문은 회사에서 지명하는 사원의 가정으로 배달하는 소위 '교육용 신문' 판매 방식을 창출했습니다. (중략) 이렇게 되면 퇴근 후에 차분히 집에서 신문을 읽을 수 있습니다. 이 점을 특별히 고려하시어 귀사의 사원들이 매일경제신문을 읽으면서 지식을 넓힐 수 있는 기회를 마련해 주시기 바랍니다."

교육용 신문을 보급하기 위해서는 가정까지 신속히 배달되는 것이 전제되어야 한다. 그래서 아버지는 안내문을 통해 '어느 곳이든 (신문 발행 후) 3시간 내에 배달된다'는 약속을 했다. 당시에는 어느 경제신문도 서울 시내 전역을 커버할 수 있는 배달 시스템을 갖고 있지 않았다. 특히 신문사 본사에서 거리가 먼 변두리 지역은 배달 거리가 멀어 구독신청이 와도 응하지 못하는 경우가 비일비재했다.

매일경제신문은 창간 때부터 신문 배달에 다른 조직의 힘을 빌리지 않고 직판제로 운영했다. 이런 저력 덕분에 매일경제신문은 서울 시내 어느 곳이든 3시간 이내에 배달되는 보급 체제를 갖추게 됐다. 물론 이렇게 되기까지 아버지는 서울 시내 곳곳을 샅샅이 훑으며 배달 망을 검토하고 보충해 왔다. "영등포 지역 전체를 커버하려면 배달 사원 5명이 더 필요하다"는 식의 지시는 그의 '발로 뛰는 조사'에서 나왔다.

배달과 판매를 담당한 지역 사원 회의에서 아버지는 이렇게 말한 적이 있다.

"아침에 출근할 때는 오른쪽 간판을 보고 퇴근할 때는 왼쪽 간판을 보라."

이게 무슨 말인가? "신문 판촉 사원들에게는 간판도 중요한 정보"라는 것이다. ○○한의원, ○○미용실, ○○구두점, ○○상회. 이 모든 간판을 달고 있는 상점들이 바로 신문 시장이고 그 상점의 주인들이 소비자라는 뜻이었다.

생각해 보라. 어느 날 "여기 맛나 식당인데 내일부터 신문 넣어 주시오" 하는 전화가 걸려 왔다. "아, 다나아 약국과 까끌래 미용실 사이에 있는 그 식당 말인가요?" 하고 대답할 수 있다면 그 식당 주인은 깜짝 놀라지 않겠는가? '이 사람은 우리 동네 상권을 꿰뚫고 있구나' 하면서. 그런 판매 직원은 독자들에게 더 신뢰를 받을 수밖에 없을 것이다.

>> 서울시가 확장되어 변두리 개발 붐이 일어날 때 판매국 간부 전원에게 급한 연락이 왔다. 그날은 일요일이었는데 '화곡동 ○○번 버스 정류장으로 모두 모이라'는 사장님의 지침이 내려왔다.

웬 영문인지 짐작할 수 없었다. 창업주는 어리둥절한 간부진을 화곡동 까치산 중턱으로 데려갔다. 거기서 한창 개발이 진행 중인 화곡동의 30만 평 택지를 가리키며 "저기가 우리의 무한한 시장이다"라고 말했다. 그날 이후에도 구로동, 청량리, 장안평 등으로 특별 시찰(!)은 계속되었다.

매경이 오늘날과 같은 배달 조직을 갖추게 된 것은 창업주가 구상하고 진두지휘하며 확신을 심어준 성과다.

-한병걸 전 매일경제신문 판매국장, 《특근기자》

아버지는 교육용 신문을 보급하기 위해 "불착不着 시에는 비서실로 전화해 주십시오. 즉시 배달해 드립니다. 전화 ○○○○번"이라는 문구를 인쇄한 봉투에 인사장을 넣어 독자들에게 배송했다. 사장이 '직접 배달이라도 하겠다'는 약속은 독자들에게 신선한 충격이었을 것이다.

우리 아버지들의 눈물

　1960년대를 살았던 우리 부모 세대들은 가진 것 하나 없이 맨몸으로 뛰었다. 잘살겠다는 일념으로 새벽부터 자정까지 일했다. 이때는 모두 가난했고 모두 어려웠다. 번듯한 직업이라고는 교사와 은행원이 거의 전부였던 시절이었다.

　이때는 경제, 정치, 문화 모든 것이 걸음마 단계였다. 박정희 정권이 5개년 계획을 발표하고 경제개발에 시동을 걸긴 했지만, 돈이 없어 쩔쩔매던 시절이었다. 지금은 세계적인 회사가 된 대기업들도 그때는 보잘 것 없는 수준이었고, 엘리트들이 입사한다는 신문사들 역시 사정이 어렵기는 마찬가지였다. 하물며 초창기 매일경제신문은 더 말할 것도 없었다.

❝　　창간 후 2년쯤 지났을까? 밖에는 온종일 비가 내리고 있었다.

여느 때와 마찬가지로 그날도 정해진 토요회의가 어김없이 시작되었다. 매주 토요일 오후 4시면 개최되었던 전체 사원회의였다. 그날따라 회의를 주재한 정 사장의 얼굴에서 전에 찾아볼 수 없었던 침울함이 느껴졌다.

그는 한동안 말없이 창밖의 빗줄기를 망연히 바라보고 있다가 드디어 입을 열었다.

"오늘이 나에게는 가장 가슴 아픈 날입니다. 몇 시간 전에 시내 한복판에서 우리 1기생 기자 중 한 사람이, 우산도 쓰지 않고 비를 흠뻑 맞은 채 거리를 걸어가고 있는 장면을 목격하고 혼자 한없이 울었습니다. 얼마나 돈이 없었으면 그 흔한 비닐우산 하나 사지 못하고, 저 비를 맞으면서 걸어가고 있을까 생각하니 북받치는 눈물을 감출 길 없었습니다."

그는 잠시 멈추더니 다시 이야기를 이어갔다.

"나는 오늘 나 자신에게 다시 한 번 다짐했습니다. 어떤 난관이 있더라도 굴하지 않고 매일경제신문을 국내에서 가장 훌륭한 신문으로 키우고 말겠다고. 그래서 우리 사원 모두 잘살 수 있는 터전을 마련하겠다고. 그날을 하루 속히 앞당겨 오늘 같은 가슴 아픈 장면을 다시는 보지 않겠다고 말입니다."

회의장 안에 앉아 있던 모든 사원들이 숙연해졌다. 몇몇 사람들은 눈시울이 붉어졌다. 나 역시 가슴이 뭉클해졌다. 그날의 토요회의에서 사장께서 한 말은 그 어느 때보다 감동적이었다.

-서용연, 《특근기자》

1960년대 기자들의 생활은 어땠을까? 1965년 경제기획원이 집계한 도시 근로자 평균 생계비는 월 2만 5,800원이었는데 서울 소재 일간지 기자 평균 임금은 초임 7,400원, 3년차 기자 1만 300원, 부장급은 2만 1,200원이었다. 1972년 조사에서도 평균 생계비 이하를 받는 기자가 전체 기자 중 62%나 됐다. 갑근세 면세 한계인 1만 원 이하의 보수를 받는 기자도 넷중 하나였다.

심지어 일부 신문사에는 회사에서 보수 한 푼 받지 않고 일하는 기자들이 있었다. 이들은 기사를 써 주고 출입처나 취재원에게 받는 촌지로 근근이 생활해 나갔다.

서용연 님의 회고를 들으면서 나는 우리 아버지뿐만 아니라, 이 시대를 산 많은 아버지들의 눈물을 떠 올렸다. 박정희 정부가 처음으로 '경제개발 5개년 계획'을 기치로 내걸고 자본이 부족했을 때 독일에 차관 제공을 요청한 적이 있었다. 당시 독일은 우리처럼 분단 상황이었고, '라인 강의 기적'으로 불린 눈부신 경제발전을 이룩하고 있었다.

우리 정부는 독일에 경제사절단을 파견해 외자를 빌려줄 것을 요청했고, 독일 측은 1억 5,000만 마르크의 상업차관 제공을 결정했다. 이때 우리나라는 신용도가 거의 없는 국가였기 때문에 담보 제공을 받을 곳도 없었다. 우여곡절 끝에 생각해 낸 것이 서독에 광부 5,000명과 간호사 2,000명을 파견하는 것이었다.

독일에서 일하게 될 우리나라 광부와 간호사들의 3년 급여를 독일은행인 '코메르츠 방크'에 매달 강제 예치하는 방식으로 담보 문제가 해결됐다. 1963년 11월, 가난한 조국에서 수십 대 1의 경쟁을 뚫고 선발된 광부와 간호사 1진 600여 명이 서독에 처음 도착했다.

1년 뒤인 1964년 12월 10일 오전 10시 55분, 독일(당시 서독) 루르 지방 함보른 탄광의 한 공회당에 500여 명의 한국인 광부, 한복차림의 한국인 간호사, 독일인들이 누군가를 기다리고 있었다. 잠시 후 독일을 방문 중인 박정희 대통령이 나타났다. 실내에 애국가가 울려 퍼졌지만 "동해물과 백두산이…" 가사는 들리지 않았다. "대한사람 대한으로…" 마지막 대목에 이르러서야 박 대통령과 광부, 간호사들의 목 멘 소리가 간신히 들렸을 뿐이었다.

애국가가 끝나고 박정희 대통령이 단상에 올라 연설을 시작했다.

"여러분, 난 지금 몹시 부끄럽고 가슴 아픕니다. 대한민국 대통령으로서 무엇을 했나 가슴에 손을 얹고 반성합니다. (중략) 나에게 시간을 주십시오. 우리 후손만큼은 결코 이렇게 타국에 팔려나오지 않도록 하겠습니다. 반드시…. 정말 반드시…."

떨리는 목소리로 계속되던 박 대통령의 연설은 끝까지 이어지지 못했다. 광부와 간호사뿐 아니라 곁에 있던 육영수 여사, 뤼브케 서독 대통령의 눈시울이 붉어지면서 공회당 안은 눈물바다로 변했다.

탄광을 떠나는 승용차 안에서 박 대통령은 "내가 죄인이다"라며 눈물을 흘렸고, 옆에 있던 뤼브케 대통령은 손수건을 건네주며 "울지 마십시오. 분단된 두 나라가 합심하여 경제부흥을 이룹시다"라고 위로했다.

우리 아버지 세대의 눈물이 지금 우리 세대의 풍요를 만든 밑거름이 되지 않았을까?

사표 받는 이유

　보통 직장에서 사표를 받을 때는 직원의 업무 실적이 형편없기 때문이라고 생각하기 쉽다. 그러나 아버지는 매일경제신문 재임기간 동안 '왜 특종을 하지 못했는가? 왜 광고 유치 실적이 저조한가? 왜 판매를 많이 못했는가?' 등과 같이 업무 실적이 나쁘다는 이유로 직원에게 사표를 내라고 한 적이 없었다. 더불어 이런 이유로 질책하거나 징계한 적도 없었다.

　그는 주로 '인간으로서, 기본자세가 되어 있느냐 아니냐를 놓고 명백히 문제가 있는 경우'에만 사표를 받았다. 특히 기자라는 직위를 이용해 출입처 사람들을 괴롭히거나 취재원에게 부당한 처사를 하는 것에 대해서는 (그런 경우가 거의 없었지만) 엄하게 징계를 했다.

　사회에 필요한 인재에 대한 아버지의 생각은 남달랐다.

"내가 생각하는 인재란 편견을 갖지 않는 사람을 말한다. 현실에 대한 불만도 내일의 창조를 위한 좋은 에너지다. 그러나 심한 편견은 고도의 개인주의를 낳고 편견이 너무 지나치게 되면 피해망상이 되기 쉽다. 그리고 피해망상이 계속되면 현실을 적대시하게 되어 사회에서 고립되기 십상이다. 결국 파괴에 이르는 것이다. 편견이 없다는 것은 사심私心이 없다는 것이다. 사심이란 조직보다 자기 이익만을 위해 일하는 경우에 갖게 된다."

언젠가 아버지가 소집한 회의에 특별한 이유 없이 불참한 사원이 있었다. 아버지는 이 사원에게 그날 바로 사표를 제출하도록 했다. 주위 사람들은 깜짝 놀라며 "감봉 정도면 족하다"는 의견을 제시했지만 아버지는 단호했다. 아마도 이 사원은 매일경제신문이 창업한 이후에 거의 최초로, 본인의 의사와 상관없이 해고된 사람일 것이다.

놀란 그 사원은 이튿날 아침에 사장 자택으로 찾아갔다. 반성하는 모습을 보이고 깊이 사과하기 위해서였다. 아버지는 그를 문 앞에서 돌려보냈다. 왜 그랬을까?

"나는 그날 사표를 내라고 말해놓고 나서 밤새도록 잠 한숨 못 잤다. 어떻게 하면 내 뜻을 이해할지, 매일경제신문의 이념에 공감하는 사원을 만들 수 있을지, 내 처벌이 너무 가혹해서 혹시 역효과를 내는 것은 아닌지, 사표 내라는 의미를 이해했는지…. 이런 저런 생각으로 그야말로 전전반측轉轉反側, 밤을 꼬박 새웠다. 그러면서 그 사원이 새벽녘에 나를 만나러 와 주기를 기다렸다. 통금이 4시에 풀리니 4시 반이나 5시쯤 와 주기를 바랐다. 그런데 정작 그 사원은 통금이 풀리고도 한참 지난 뒤에야 찾아왔다. 그만큼 절실하지 않았고 덜 반성한 것이라는 생각이 들었다. 사장은 잠 한 숨 못 이뤘는데 정작 본인은 덜 심각했던 것 아닌가? 그런 생각 때문에 만나주지 않았다."

아버지는 수백 명의 사원을 거느린 경영자로서, 그 사원들이 모두 한 가정의 가장이라는 사실을 깊이 인식하고 있었다. 그래서 회사의 이익에 치명적으로 반하거나, 사회적으로 큰 물의를 일으켜 더 이상 조직 생활을 하기 어려울 정도가 아니면 사표를 받지 않았다.

가장이 회사를 다니지 않으면 당장 가족은 큰 어려움에 처한다. 아버지는 젊은 시절에 고생을 많이 했기에, 돈 떨어지고 쌀 떨어지는 고통이 어떤 것인지 잘 알고 있었다. 사원들의 웬만한 잘못은 용서해주고 보듬어주면서 같이 가자는 게 당신 생각이었다.

그럼에도 이때만큼은 냉정했다. 아마도 모든 직원들에게

일종의 본보기를 보인 게 아닌가 싶다. 아버지의 신념은 '최고의 신문사, 좋은 언론사'를 만드는 것이었고, 그 이상을 위해서는 기자를 비롯한 전체 임직원의 협조가 필수적이었다. 그 협조는 아버지가 가진 매일경제신문 철학에 깊이 동조하는 사람들로부터 나온다고 생각했다.

"머리가 나쁘면 성실하면 되고, 학벌이 나쁘면 공부하면 되지만 게으르고 해이한 것은 고칠 길이 없다"는 것이 아버지의 지론이었다. 그래서 열심히 하다 실수한 것, 잘 모르고 저지른 일, 잘못을 인정한 것에 대해서는 용서를 했지만 나태한 것에 대해서는 엄격했다.

아버지는 공부는 하지 않고 술이나 먹는 사원을 호되게 꾸짖었다. 그렇다고 관용을 몰랐던 것은 아니었다. 매일경제신문 초기 소공동 사옥 시절에 당신은 연말이 되면 소공동 주변 술집을 돌아다녔다.

"아이고, 사장님 어서 오세요!"

술집 주인이 반기면 아버지는 이렇게 말했다.

"우리 사원들이 외상 진 것 없소?"

"네? 난 또 오랜만에 약주하러 오셨다고."

주인이 외상 장부를 보여주면 아버지는 매일경제신문 사원들의 외상값을 계산해 주었다. 그렇게 선행(?)을 베풀고도 아버지는 사원들에게 아무 말도 하지 않았다. 연말 보너스라도 받아 외상을 갚기 위해 술집에 도착한 사원들은 "1년 치 외상값을 사장이 다 갚았다"는 소리를 듣고 놀라며 좋아했다. 아버지는 그런 모습을 상상하며 슬며시 미소를 지었을지도 모른다.

회의에 무단 불참해서 사표를 내야 했던 사원은 어떻게 됐을까? 3개월 뒤, 결국 그 사원은 다시 출근하라는 연락을 받았다. 아버지는 자기 회사 직원을 자르고 마음 편히 지낼 수 있는 사람이 아니었다.

오로지 충과 서

아버지에 대한 원고를 쓰면서 나는 《논어》의 '이인편里仁篇' 한 대목이 생각났다.

공자께서 증삼에게 말했다.

"삼아, 나의 삶은 하나로 관통했다."

"네. 선생님."

공자는 그렇게 말하고 밖으로 나갔다. 제자들이 증삼에게 물었다.

"선생님 말씀이 무슨 뜻입니까?"

증삼이 대답했다.

"공자 선생님의 도는 오직 충忠과 서恕일 뿐입니다."

공자의 일생은 오로지 '충忠'과 '서恕'라는 것이다. 이것은 인仁을 실천하는 방법으로 자기가 서고 싶으면 남도 세워주고 자기가 어떤 목적을 이루고 싶으면 남도 이루어지도록 해주는 적극적인 실천 방법이 '충'이고, 자기가 하고 싶지 않은 일을 남에게 시키지 말라는 소극적인 실천 방법을 '서'라고 한다는 것이다. 유학자 집안의 후손이어서였을까? 내 아버지도 사람들을 충과 서로 대했다.

66　　그해 매경이 언론사 중 처음으로 기자 모집 공고를 냈기에 실은 연습 삼아 응시를 했다. 필자의 최종 목표는 한국일보였다. 그런 이유 때문에 나는 고개를 빳빳이 쳐든 채 응시를 했고 시험과정에서부터 오기를 발휘했다.

　　나는 응시자 중 유일하게 남방셔츠 차림이었는데. 첫 질문부터 그걸 꼬집는 것이었다. 시험관 중 가장 젊게 보이는 홍안의 청년(?)이 몰아치듯 추궁해 왔다.

"왜 정장을 안 입고 왔나요?"

"양복 맞춰 입을 형편이 안 돼서 입은 채로 왔습니다."

"주량은 어떻소?"

"막걸리 두 되쯤…."

"신체검사에선 왜 병丙 종을 맞았습니까?"

"위가 나빠서…."

"그럼 입사해서도 사흘 나오고 하루 쉬는 식이겠구먼."

"주량을 말씀드렸지. 술을 즐긴다고 말한 것은 아니지 않습니까?"

"???"

면접은 이렇게 짧게 끝났고. 나는 뒤도 돌아보지 않은 채 자리를 떴다. 나중에 알았지만 그 청년이 정진기 사주였고. 실컷 험담을 해댄 내 대답은 정답이었다.

입사 첫날. 창업주는 2기생 6명을 갈빗집으로 데리고 갔다. 소주잔을 돌리면서 한 사람씩 입사 소감을 묻게 되었는데. 내 차례가 되었을 때 내 오기가 또 고개를 들었다. 다른 사람들은 '열심히 노력해서 사회의 목탁이 되겠다' 등의 대답을 했지만 나는 그런 정석 같은 발언이 역겨워 입사 소감 대신 이런 질문을 던졌다.

"사장님 혈액형이 뭡니까?"

"???"

창간 5주년 특집을 위해 막대한 자금을 부어 전 국민 의식조사를 실시할 때였다. 집계된 결과를 놓고 사장 주재로 편집간부 전원이 참석한 분석 회의가 열렸다. 평기자인 필자도 말석을 차지하게 됐다. 그날 회의는 토론 분위기라기보다는 주로 창업주의 의견을 듣는 자리가 되었다. 활발한 토론을 기대한 필자는 그런 분위기가 못마땅했다. 그런 내 심중을 헤아렸는지 창업주는 불쑥 질문을 던졌다.

"김 기자! 자네 의견은 어떤가?"

"예. 저는 사장님 의견에 동감할 수 없습니다. 제 생각은…."

무난하게 끝나가던 회의는 내 엉뚱한 오기 때문에 일순 긴장되어 원점으로 되돌아갔다. 말석의 체면을 살려주고 회의를 끝내려던 창업주는 처음부터 차근차근 다시 설명을 시작했고, 회의는 예정을 한 시간 이상 넘기고 있었다. 그러나 내 오기는 꺾일 줄 몰라 끝내는 "사장님, 토의하시자는 겁니까, 지시하는 겁니까?" 하고 항명(?)하는 단계까지 치닫고 말았다. 이날의 회의는 나 때문에 파장이 되어 다음날로 연기되기에 이르렀다.

그날 이후, 나는 분석 팀에서 제외되었다. 그러나 창업주는 그 일로 내게 불이익을 주지 않았고 내색조차 하지 않았다. 2개월 뒤의 어느 날, 정 사주는 필자를 조용히 불러 이렇게 말했다.

"아직도 내 설명이 부족하다고 생각하나? 내 의견에 동조하지 않느냐 말이여."

실은 필자도 애초부터 사장과 비슷한 생각이었기에 내 잘못을 사과한다고 말씀드렸다.

"그럼, 됐네. 내일부터 분석 시리즈는 자네가 맡게."

"???"

이번에는 내가 당혹해했다. 그런 내게 창업주는 이렇게 말했다.

"이봐! 정반합正反合 알지? 매경도 변증법적으로 발전해야 참으로 발전하는 거야."

-김광삼 전 매일경제신문 이사, 《특근기자》

매일경제신문 취재부장을 했던 최상순 님은 "마포구 염리동의 어느 단칸방에서 밤을 새워 가며 정진기 사장과 궁리하고 설계한 창간계획을 지금 생각하면 참으로 끔찍하다"면서 이렇게 회고했다.

> 창간 과정의 고통을 다 밝힐 수는 없다. 우선 협력자를 찾는 것이 중요했다. 몇몇 인물이 등장했지만 재정 문제도 인사 문제도 쉽지 않았다. (중략)
>
> 막상 진용을 갖추기는 했지만 창간일자는 이런저런 사정으로 몇 차례나 연기하지 않을 수 없었다. 그러면서도 창간호는 일선 취재 경험이 전혀 없던 수습 기자들과 함께 제작해야만 했다. 지금 대하고 보면 볼품없는 창간호가 탄생하기까지 가슴 조이던 숱한 일들이 꿈만 같다. 쓸데없는 오해와 풍문에 시달린 일도 잊을

수가 없다. (중략)

필자는 창간 후 일정기간 편집국 근무를 고집했다. 당초 정 사장은 임원으로 일하라 했지만 (활동적인) 외근 기자를 하고 싶은 것이 솔직한 심정이었다. (이 사실을 고하니) 정 사장의 노여움이 이만저만 아니었다. 그러나 서로를 잘 아는 입장이라 정 사장은 "2년만 외근을 하라"며 내 고집을 받아줬다.

외근과 데스크를 겸한 초창기 업무의 고달픔은 말할 필요도 없었다. (중략) 인간관계가 깊을수록 사장과 사원 사이에는 조심스런 일이 많은 법이다. 정 사장과 필자 간에 허물이 있을 수 없었지만 일을 하다 보면 불편하게 여겨지는 대목이 생기기도 했다.

언젠가. 무슨 일인지 기억은 나지 않지만 한동안 사장실 출입을 삼갔던 적이 있다. 그러던 어느 날. 정 사장이 날 찾는 것이었다. 무심코 사장실에 들어서자 그가 말했다.

"며칠 만인지 아시오? 무려 87일 만이오. 87일. 최 형이 사장실에 온 게. 신문은 누가 만들었소? 같이 만들지 않았소? 우리 두 사람 사이가 이렇게 멀어져도 되겠소?"

한 고비를 넘기려는 시점에서 사소한 이견으로 두 사람이 불편해서야 되겠느냐는 것이었다. 나는 그의 말을 수긍하고 말았다.

-최상순, 《특근기자》

제3의 창간: 공감대 형성

1차 오일 쇼크가 엄습했던 1974년에는 1973년의 호황과는 달리 경제가 어려웠고 미래도 불투명했다. 세계 경제가 오일 쇼크 등으로 중병을 앓고, 국내에서는 연이은 긴급조치로 정국이 얼어붙었다. 항상 미래를 잘 내다보는 데 일가견이 있는 아버지도 예측하기 힘들다고 고백할 정도였다. 그렇다고 움츠리고만 있을 그가 아니었다. 오히려 "올해 매일경제신문은 광고수입 50%, 신문 부수 2만 부를 확장한다"는 의욕적인 목표를 세웠다.

이러한 목표를 달성하기 위해선 "올해 우리 전 사원들은 세일즈맨화되어야 합니다. 신문을 팔리게 해야 하고 좋은 상품으로 만들어야 합니다. 광고를 많이 하지 않아도, 제품이 많이 팔리면 저절로 광고가 됩니다. 전 사원들이 완전한 세일즈맨이 되는 것만이 매일경제신문을 살리는 첩경입니다" 하면서 사원들을 독려했다.

1973년부터 본격적인 성장가도를 달리기 시작한 매일경제신문은 1974년에 흑자를 달성했다. 부수 확장은 2만 부에 조금 못 미쳤지만 광고 50% 신장은 목표를 훌쩍 넘어섰다. 아버지는 "신문사가 잘 되고 있어서 좀 엄살을 부려야 할 정도"라고 말했다.

누가 위기는 찬스라고 했던가? 매일경제신문은 이 어려운 시기에 오히려 급격히 발전했다. 판매부수가 배로 늘어 10만 부 고지를 바라보고 있었다. 당시로서는 경제지 최고의 부수였다. 교육용 신문 보급과 라디오 광고로 적극적인 마케팅전략을 써온 결과였다.

자신감을 얻은 아버지는 1975년에 새로운 전략을 폈다. 전 상장사 주식을 조금씩 사들여 매일경제신문사가 상장사 주식 명부에 등재되도록 했다. 이게 무슨 전략인가? 의아해 하는 사원들에게 그는 이렇게 설명했다.

"작게는 상장 회사들에 대한 투자요, 크게는 매일경제신문 홍보 전략이다. 상장 회사들 관계자들이 주주명부에서 매일경제신문을 발견하면 우리 신문에 대한 인식을 새롭게 할 것 아니냐?"

1976년 4월 24일 서울 중구 필동 1가 51번지 신사옥 기공식에서 아버지가 첫 삽을
뜨고 있다.

1976년 11월 12일 본사 신사옥 상량식.

사장의 말에 사원들은 고개를 끄덕였다.

1976년은 매일경제신문 창간 10주년이 되는 해였다. 시무식에서 아버지는 "제1의 창간이 탄생이고 제2의 창간이 자립이었다면 제3의 창간은 도약이다. 올해를 제3의 창간을 하는 해로 삼자"고 했다.

"지금까지는 사실 전 사원들이 너무 고생하면서 굳은 의지로 매일경제신문을 키워왔습니다. 언론계에 수많은 회사가 있는데 여러분은 하필 매일경제신문 사원이 되겠다고 마음먹고 지난 10년 동안 저와 함께 모든 어려운 조건을 이겨냈습니다. 아무리 어려운 일을 해도 이렇다 하게 잘했다는 칭찬 한 번 받지 못하면서 비가 오나 눈이 오나 바람이 부나 총력을 기울여 준 세월이었습니다. 이 자리를 빌려 진심으로 감사합니다. … '제3의 창간'이라는 기치를 들고 이제 일류가 되려는 새로운 목표를 향해 전진합시다."

이 해 3월 윤전기 두 대를 새로 들여왔고 5월 1일에는 중구 필동 1가 51번지에서 새 사옥 기공식이 있었다. 지하 3층, 지상 11층에 연건평 2,251평의 현대식 구조로 신사옥이 착공된 것이다.

창간 10주년을 맞이해서 매일경제신문은 특별 사업으로 전 국민 의식조사를 실시했다. 1975년 봄부터 시작해 조사에서 분석까지 1년이 걸린 의식조사 결과는 1976년 3월 24일자에 발표됐다. 자발적 응답, 우편, 직접 면담 등을 통해 지역별·연령별·직업별로 모두 5만 3,561명을 대상으로 한 대대적인 조사였다.

그때 사람들은 경제신문사에서 왜 의식조사를 실시했는지 궁금해했다. 그것에 대한 아버지의 생각은 이렇다.

"사회현상은 그 사회에 살고 있는 개개인의 의식표현의 결과이다. 이 사회는 가난을 물리고 웅비의 도약을 하려 하며, 고질적인 폐습을 일소하기 위해 몸부림치고 있다. 우리는 이러한 사회에 맞추어 의식내용, 그리고 그 행동도 변화해야만 한다. 그렇지만 의식을 변화시키는 것은 쉽지 않다. 때문에 국민의 사고적 합의 하에 의식혁명을 해야 한다. 의식혁명을 하기 위해서는 먼저 국민 각계각층의 의식의 소재를 정확히 파악해야 할 것이다. 특히 가치기준의 합의점을 찾기 위해서는 더욱더 그렇다."

지금 들으면 '의식혁명'이라는 단어가 무시무시하지만 대부분이 가난했던 그 시절에는 사람들에게 피부로 느껴졌던 말이었다.

의식조사에 의하면 그 시절에는 안보의식이 투철했다는 것을 알 수 있다. 안보를 위해 내 개인의 자유를 보류하는 것이 불가피하다고 대답한 사람이 53.7%였고, 개인의 자유가 우선이라고 대답한 사람은 14.7%였다. 그리고 젊은 세대는 현실에 대한 불만이 크고 자기중심적인 개인주의적 성향이 강하며, 기성세대와 신세대 간의 갈등이 심했다는 것도 눈에 뜨인다. 특히 10대 청소년은 기성세대를 어떻게 생각하느냐는 질문에 가치 있다고 생각한다고 답한 사람은 38%, 낡은 생각을 가지고 있다고 답한 사람은 37%, 그들의 말을 듣지 않는다고 답한 사람은 18%나 됐다.

'소매치기 현행범을 보면 고발한다'는 응답은 43%에 불과해 시민의식이 비교적 부족했다는 것을 알 수 있고, '특정 지역 사람들과는 사귀고 싶지 않다'는 대답이 많아 지역감정이 있었음을 드러냈다. '누군가에게 착취당하고 있다'는 생각을 가진 사람이 많았고, 의견대립에 대해 설득한다는 층이 있는가 하면, 주먹을 휘둘러 해결한다는 층도 있었다. 다행히 국민의 대부분은 '1980년대를 희망적으로 기대한다'고 응답했다.

이날 사설에서 매일경제신문은 "이제 우리 사회에서 빈곤의 악순환은 사라졌다. 우리는 후진국이 아닌 중진국에 살고 있으며 우리나라가 OECD 회원국이 될 날도 머지않았다"고 밝히고 있다. 1996년에 OECD에 가입해 선진국과 어깨를 나란히 하며 살고 있는 오늘날의 우리를 보며 아버지는 무슨 생각을 하고 있을까?

진정한 성공이란

매일경제신문은 창간 10년을 넘기면서 초창기의 난관을 극복하고 괄목할 만한 성장세로 들어섰다. 독자도 늘어나고 광고도 많아졌으며 경영상태도 호전되었다. 언론계에서도 점점 그 영향력이 확대되고 있었다. 이러한 급격한 발전에 많은 직원들은 안주하려 하고 있었다. 아버지는 회사 내에 이런 분위기를 감지하고 당시 임원이었던 한 사람에게 물었다.

"당신이 매일경제신문 사장을 할 수 있겠소?"

"요즘 같은 상황이라면 누가 사장을 한들 못하겠습니까?"

"자신 있게 대답하는 걸 보니, 아직 자격이 없는 것 같소. 껄껄껄."

"?"

어느 날, 사원 전체 회의 때 아버지는 이런 이야기를 했다.

"모든 평가는 상대적입니다."

사원들은 오늘은 아버지가 또 무슨 말을 할까 하고 귀를 기울였다.

"개인이나 회사나 국가나, 발전이 곧 퇴보일 수 있습니다. 만약 한 회사가 지난 해보다 50% 성장했다 칩시다. 그건 분명히 발전입니다. 그러나 사회는 늘 경쟁관계에 있기 때문에 우리 아닌 타자도 생각해야 합니다. 다른 회사들은 모두 100% 성장했는데 우리 회사만 50% 성장했다면 어떻게 되는 건가요? 우리 회사는 50% 퇴보한 셈이 됩니다."

아버지는 탁자 위의 물을 한 모금 마시고 말을 이었다.

"요즘 우리 매일경제신문이 많이 좋아졌습니다. 창간 당시와 비교할 때 각 부문에서 많은 발전을 한 것이 사실입니다. 그러나 상대적으로 봐야 합니다. 다른 신문들 역시 발전했습니다. 만약 다른 신문들이 우리보다 더 큰 발전을 했다면 우리의 발전은 곧 퇴보가 되는 것입니다. 이 기회에 우리 모두 생각해 봅시다. 우리만의 발전에 도취되지 말고 항상 경쟁관계에 있는 다른 신문과 비교해 가면서 중단 없이 전진합시다. 여러분 모두 동참해 주시길 바랍니다."

경영자는 늘 위기를 느끼는 사람이라던가? 사원들은 '상대적 발전'이란 말에 적지 않은 충격을 받았다. 해이해져 있던 자신들을 되돌아보는 계기로 삼기도 했다.

이즈음 모 방송국에서 〈자기를 창조하는 인물〉이라는 특집에 아버지를 초대한다는 연락을 해 왔다. 아마 방송국에서는 아버지가 기꺼이 초대에 응하리라 생각했던 것 같다. 그러나 당신은 방송 출연을 단호히 거절했다. 이유는 "아직 성공하려면 멀었다"는 것이었다. 이 소식을 듣고 몇몇 기자들은 이렇게 말했다.

"사장님이 방송국 특집 프로그램에 나가지 않겠다고 고집(?)하시는 게 납득이 가지 않습니다. 이 정도면 많이 성공하신 것 아닙니까? 사장님이 프로그램에 나가시면 사장님 개인에게 명예이면서 동시에 매일경제신문을 알리는 데도 적지 않은 효과를 거둘 수 있을 텐데요."

방송국 관계자보다 오히려 사원들이 프로그램에 출연할 것을 더 권했다. 그러나 아버지는 이렇게 말하며 끝내 그 권유를 받아들이지 않았다.

"창간 때와 비교해서 매일경제신문이 많은 발전을 해 온 것은 사실입니다. 외부 사람들의 눈에 경이적으로 보였을 수도 있습니다. 나 개인을 놓고 봐도 큰 성공을 이룩했다고 평가하는 것이 무리는 아닙니다. 그러나 내가 생각하는 성공의 기준과 개념은 좀 다릅니다. 성공했는가 그렇지 않은가 하는 것은 외부의 객관적인 평가로 규정되는 게 아닙니다. 다분히 개인적이고 주관적인 것이지. 다른 사람이 아무리 성공했다고 평가해도 정작 본인이 그렇게 생각하지 않으면 성공하지 못한 것이지요. 누구에게나 자기가 설정한 목표가 있을 것이고, 그 목표가 달성되지 못했을 때는 아직 성공하지 않은 것이라고 할까요? 그러니까 내 목표가 어디에 설정되어 있는지 알지 못하고 단면만 보고 성공했다고 평가를 내리는 것은 잘못된 것입니다."

아버지가 잠시 침묵하자, 사원 중 한 사람이 물었다.

"외람된 질문입니다만, 그럼 사장님의 목표는 뭡니까?"

"내 목표는… 한국에서 제일가는 신문을 만드는 것입니다. 그때야 비로소 나 정진기가 성공한 사람이라고 말할 수 있겠지요."

기자들은 할 말을 잃었다. 누군가는 이런 아버지를 보고 '무서운 승부욕의 사나이'라고 평했다.

2002년 월드컵 때, 히딩크 감독은 16강에 진출하고 나서도 "나는 아직도 배고프다"라고 했다던가? 아버지는 매일경제신문을 궤도 위에 올려놓고 경영상태가 호전일 때도 만족하지 않았다. 그래서 방송국에서 성공한 인물로 초대했을 때도 응하지 않았다. 건방지거나 오만해서가 아니었다. 당신은 상대적인 성장보다는 절대적인 성장을 원하고 있었다. 그때도 아버지는 여전히 배가 고팠다.

틈새시장 개척

1976년에 매일경제신문은 '경쟁 시대의 경제전략'을 모색하는 전문가 토론과 기고를 36회 기획기사로 실었다. 아버지는 이 특집을 진두지휘했고 토론회에 직접 참여해서 의견을 내기도 했다. 아버지는 이 해에는 매일경제신문 지면 제작에 특히 심혈을 기울였다. 그 이유를 10주년 창간기념사에서 다음과 같이 밝혔다.

"창간 10년 동안 우리가 쉽게 클 수 있었던 것은 매일경제신문에 대한 사회와 독자의 요구와 기대가 그리 크지 않았기 때문이다. 창간할 때는 우리 신문사가 몇 달 또는 1년 안에 쓰러질 것이라고 말하는 사람도 있었다. 그러나 매일경제신문은 쓰러지지 않았고 그런 대로 발전해 왔다. 독자들은 그 사실을 가상히 여겨 우리를 도와주기도 했다. 그러나 10년이 지난 지금은 매일경제신문을 바라보는 독자·사회·정부의 눈이 달라졌다. 매일경제신문의 기사 내용, 편집 방향에 따라 업계의 사업 시책이 바뀔 수도 있고 국가 정책이나 주부의 가계부 기록 방향이 변할 수도 있다. 그만큼 우리에 대한 기대가 높아진 것이다. 기대가 크면 클수록, 거기에 부응하지 못할 경우 실망도 커진다. 사회와 독자·기업체·정부의 요구에 우리가 만족을 줄 만큼 신문을 제작하지 못한다면 우리의 결실은 감소될 것이 틀림없다. 이 위험을 극복하려면 새로운 각오로 새 시대에 대처할 수 있는 공부를 해야 한다고 생각한다."

아버지는 '나무가 크면 바람을 탄다'고 생각했다. 바람은 생각지도 않은 곳에서 먼저 불어왔다. 그해 3월 18일이었다.

"사장님! 큰일났습니다."

편집국장이 사장실로 헐레벌떡 뛰어 들어왔다.

"도대체 무슨 일입니까?"

"신문협회에서 연락이 왔습니다. 결산공고를 위해 그간 증면한 만큼 신문 면수를 줄이라는 것입니다."

"뭐라고요?"

아버지는 '올 것이 왔다'고 생각했다.

"작년까지 56면짜리 결산공고를 해도 아무 말 없더니…. 결국 신문협회에서 문제를 삼는군요."

"결산공고용으로 증면 발행한 면수를 4월 15일까지 줄이라는 겁니다."

"바람이 엉뚱한 데서 불어오는구먼."

아버지가 혼잣말을 했다. 당시 매일경제신문의 발전상은 언론계의 화제였다. 그러나 급작스런 매일경제신문의 발전은 타 언론사에게는 경계와 질시의 대상이기도 했다.

아버지는 하는 수 없이 본문이 2면 줄어든 신문을 발행해야 했다. 그러자 이번에는 독자들의 항의가 빗발쳤다. 배달원들이 배달을 하지 못할 정도였다. 난감했던 아버지는 신문협회 이사회에 양해를 구하는 공문도 보내 보았다. 협회의 반응은 여전히 싸늘했다.

'4월 15일까지 결산공고로 인해 증면된 지면을 줄이지 않으면 신문협회 회원사로서의 제반 권리를 정지시키겠다'는 답이 돌아왔을 뿐이다. 결산공고가 무엇이기에 협회는 이렇게 각박하게 구는 것인가? 결산공고 광고는 아버지의 아이디어가 만든 성공 신화 중 하나였다.

매일경제신문이 창간했을 때만 해도 우리나라의 법인 기업체 수는 겨우 1,660개에 불과했다. 해마다 7만여 개의 주식회사가 새로 생기는 최근의 현실과 비교해보면 보잘 것 없는 수준이다. 어느 외국 기자가 "한국이 발전한다는 것은 쓰레기 더미에서 장미꽃이 피는 것을 기대하는 것이나 마찬가지"라고 했다던가? 우리나라 사람들조차 우리의 저력에 대해 회의를 품던 시절이었다. 그러나 아버지는 우리나라 경제가 빠른 속도로 성장할 것이고 그에 따라 회사 수도 늘어날 것이라는 확신을 갖고 있었다.

"기자 생활 초기에 기업들을 신문에 소개하면서 경영이 얼마나 험난한 길인가를 알게 됐다. 매일 수십 개 기업들이 새로 생겨 등기를 하는데 그들이 모두 성공했다면 이 땅에는 기업 홍수가 날 것이 아닌가? 그렇지 않은 걸 보니 쓰러지고 또 생기는 게 기업이라는 걸 알겠더라. 기업 경영이 무척 어렵다는 것이다. 그래서 신문을 창간하면서 그들을 도와줄 수도 있고 회사를 모두 광고주로 삼을 수도 있는 방법이 뭐 없을까 하는 생각을 하게 됐다."

어느 기업이든 회계연도를 마감한 뒤에 일간지에 의무적으로 결산공고를 내게 되어 있다. 그렇지만 그 당시 어떤 신문도 결산공고 게재에 대해서 신경 쓰지 않고 있었다. 어느 날 아버지는 문득 이런 생각이 들었다.

'모든 기업이 결산공고 게재 신문으로 매일경제신문을 택한다면? 이건 히트 정도가 아니라 홈런 감이다!'

이때부터 아버지는 '결산공고 광고 시장'을 개척해 나갔다. 새로 등장하는 기업은 물론 기존 회사들을 상대로 매일경제신문을 결산공고 게재 신문으로 해 주도록 요청했다. 그가 하는 비즈니스가 어떤 의미를 가지는지 아는 사람은 거의 없었다. 사람들은 "1년에 한 번 하는 결산공고를 자기 신문에 실어달라고 애써서 영업을 할 필요가 있을까?" 하고 관심을 갖지 않았다.

시작은 물론 미약했다. 1967년 2월 말에 매일경제신문은 결산공고 게재를 위해 처음으로 2회에 걸쳐 2쪽짜리 부록을 발행했다. 그러나 해마다 결산공고 면수가 늘어나 1970년 16쪽, 1973년 26쪽의 별지를 찍어야 했다. 1974년과 1975년에는 각각 56쪽짜리 부록을 찍었고 1976년에는 120쪽까지 올라갔다. "매일경제신문은 결산공고 한 번 내고 서너 달 먹고 산다"는 말이 나올 정도였다. 그만큼 든든한 수입원이 됐다. 아버지의 예상대로 홈런이었다.

이렇게 되자 다른 신문사는 경악했다. 매일경제신문을 질시의 눈으로 보면서 견제하기 시작했다. 결국 신문협회에서는 결산공고 특집면 발행에 대해 제동을 걸고 나선 것이었다.

아버지는 평소에도 신문의 증면을 주장해왔다. 1970년 신문협회 결의에 의해 신문은 매일 4쪽씩 발행되고 있었는데 아버지는 이것이 현실성이 떨어진다고 생각했다. 급격히 발전하는 우리나라 경제적 실상을 볼 때 신문에 더 많은 정보를 제공해야 된다는 것이 아버지의 지론이었다. 이러한 면에서 아버지는 매일경제신문에 대한 협회의 감면 요구를 다수의 횡포로 받아들였다.

"매일경제신문은 신문협회의 결정을 절대로 받아들일 수 없다. 만약 협회가 끝까지 이를 강요한다면 신문협회에서 탈퇴하는 상황까지 고려할 것이다. 협회는 결산공고를 할 수 있는 법정 기일을 알고 있으면서도 무리하게 우리에게 감면 요구를 하고 있다."

아버지는 신문협회를 설득할 수 없다면 맞서 싸워서라도 발행면수 제한을 철회시켜보려고까지 했다. 그러나 상대는 전국의 모든 일간신문이었고 이쪽은 창간 10년의 신생 신문사였다. 당시의 언론계 사정으로 봐서 아버지의 행동은 자칫, 정부 정책에 대한 도전으로 오해될 소지도 있었다. 아버지는 결국 뼈아픈 후퇴를 단행해야만 했다. 그렇지만 독자들에게는 1976년 3월 2일자 사고를 통해, 신문협회의 결정에 따를 수밖에 없는 이유를 자세히 밝히면서 양해를 구했다.

'… 그동안 매일경제신문이 몇 차례의 결산공고 특집을 발행했던 것은 독자와 광고주 제현의 뜨거운 성원에 충실히 보답하는 동시에 결산공고 마감 법정 기일을 지키기 위한 불가피한 조처였습니다. 그러나 이는 한국 신문협회 결정 사항인 신문 발행 면수 제한선(주 48면)을 상회하는 결과가 되고 말아 매일경제신문은 3일자부터 당분간이나마 지면을 감축하게 되었습니다. 크나큰 아픔입니다만 신문협회 이사회의 결정이므로 매일경제신문도 부득이 이를 받아들이지 않을 수 없습니다. 신문 발행 면수 상한선은 지난 1970년도에 결정된 것입니다. 그동안 국민 총생산이 3.5배가량 늘어나는 등 국민경제규모가 현저히 확대된 점에 비춰볼 때 현실적으로 불합리한 것입니다. 이에 매일경제신문은 신문협회에 발행 면수 상한선의 재조정을 요구할 계획입니다."

아이러니하게도 이 사건을 계기로 다른 신문사들도 결산공고 유치에 뛰어들었다. 종합일간신문과 경제신문은 물론 영자신문까지도 깨알 같은 결산공고를 실었다. 얼마 지나지 않아 광고비 덤핑까지 내세우는 신문사가 등장하는 등 한국 신문광고 사상 보기 드문 사태가 빚어지기도 했다.

신문협회의 감면 요구는 매일경제신문에 시련이었다. 그러나 결산공고 시장에서 매일경제신문의 기득권은 어느 신문도 넘볼 수 없을 정도로 확고해졌다. 감면 사태로, 결산공고 시장을 개척한 아버지의 아이디어는 언론계의 화제가 됐다. 결산공고 게재는 그 후로도 매일경제신문 흑자경영의 기틀이 돼 줬다.

늦깎이 영어 공부

학이시습지 불역열호學而時習之 不亦說乎

배우고 때로 익히면 어찌 기쁘지 아니한가?

논어의 이 구절을 아버지처럼 실천하신 분이 또 있을까? 특히 영어 공부에 대한 열의는 대단했다. 매일경제신문 창업 이전부터 돌아가시기 얼마 전까지 꾸준히 영어 공부를 했으니 말이다.

1962년 내가 초등학교 2학년 때 아버지를 가르치러 영어 과외 선생님이 우리 집에 왔었다. 공부 시간은 아버지의 출근 전인 오전 6시쯤이었다. 나는 '아이들만 공부하는 줄 알았는데 어른도 공부하는구나' 하며 신기해했다. 호기심에 아버지가 공부하는 것을 엿듣다 아버지 기침소리가 나면 화들짝 놀라 도망

가곤 했다.

이때 나는 영어를 따라 하면 나도 아버지처럼 어른이 될 것 같았다. 그래서 무슨 뜻인지도 모르면서 "아이 엠 어 스튜던트" 같은 문장을 중얼거리고 다녔다.

아버지는 매일경제신문을 창업한 이후에는 공채 1기생들과 영어 공부를 함께 했다. '당신도 공부하고 1기생들에게 자극도 주는' 1석 2조의 효과를 노린 것이 아니었나 싶다.

아버지는 공부를 하다 모르는 것이 있으면 지위 고하를 막론하고 묻곤 했다. 마치 세상에서 가장 위험한 것은 실력이 따르지 않는 자존심이라는 듯이. 어느 날 아버지는 신문사 복도에서 서용연 기자를 만나 쪽지를 내밀었다.

The president had a sudden fall in his popularity.

"이 문장 말이야. 아무래도 모르겠어. 자네가 해석 좀 해보게."

"'대통령의 인기가 갑자기 하락했다' 아닙니까?"

"아, 그렇구만!"

서 기자가 인사를 하고 돌아서자 아버지는 그를 다시 불러 세웠다.

"서 기자! 6개월, 아니 1년 뒤에 다시 만나 영어 실력을 겨뤄 보세. 지금은 내가 자네한테 뒤지지만 그때는 내가 자네를 이길 자신있네."

서 기자는 웃으며 말했다.

"사장님이 그렇게 열심히 하시는데 6개월까지 가겠습니까? 곧 제가 지게 될 것 같습니다."

몇 달 뒤 최인수 기자가 보고 차 사장실에 왔다. 보통 때는 칠판에 지시 사항이나 당신이 해야 할 일들이 빽빽이 적혀있었는데 이번에는 영어 단어들이 쓰여 있는 게 아닌가? 최 기자는 의아하게 생각하며 눈이 자꾸 칠판 쪽으로 향했다.

origin

species

general

hospital

"최 기자! 저 단어들 뜻이 무엇인가? 지금은 바빠서 나중에 사전을 찾아보려고 적어 놓았는데."

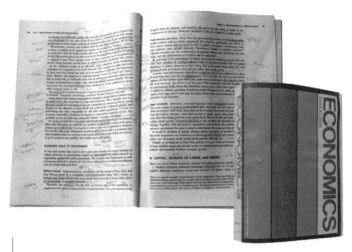

아버지가 애독했던 폴 새뮤얼슨 《경제학》 원서.
처음에는 개인 선생님과 읽었는데 영어 공부를 열심히 해서 아버지 혼자서도 읽게 되었다.

"네? 이건… 오리진… 기원, 근원, 출신 뭐 이런 뜻이고요. 스피시즈는 종… 그러니까 생물학에서 말하는 생물의 종인데요."

"아! 알았다. 그럼 이게 '종의 기원'이구먼."

아버지는 1975년부터 1977년까지 18개월 동안 휘경동에 있는 SDA 영어학원에 다녔다. 그 학원 프로그램은 2개월씩 9단계로 구성되어 있었는데 아버지는 초급반부터 고급반까지 하나도 빼놓지 않고 들었다. 그 시절엔 미국인이 가르치는 학원은 많지 않았는데 이 학원에는 미국 선생이 많았다. 또 선교 단체에서 운영하는 곳이라 학원비도 상대적으로 쌌다. 아버지는 집에 와서 "미국 사람들과 회화를 하니 영어가 느는 것 같다"고 자주 말했다.

은근히 부러웠던 나는 1년 후 같은 학원 저녁 반에 등록했다. 그런데 우리반 선생님이 아버지 초급반 때 선생님이 아닌가! 그 선생님은 아버지의 영어 공부에 대한 열정에 반해 있었다.

"그 연세에 그렇게 열심히 하는 분은 처음 봤어요. 새벽에 못 오시면 저녁에라도 오시니. 얼마 전 점심을 사 주셔서 오랜만에 아버님을 뵈었는데 처음 뵐 때보다 영어 실력이 정말 많이 느셨더라고요."

선생님은 아버지가 신문사 사장이라는 사실에 더욱 놀라며 "사장이면 통역을 붙여도 될 텐데. 정말 대단하신 분"이라고 말했다.

그 시절에 사장실을 방문한 사람들은 영어 회화 테이프를 듣고 원서를 읽고 있는 아버지를 보고 깜짝 놀라곤 했다. 아버지는 "국제회의에 나가보니 영어 못하고는 꼼짝 못하겠더라.

영어 공부를 열심히 해서 언젠가는 국제회의에서 영어로 연설을 하겠다"고 말하곤 했다. 영어든 일어든 경제·경영학이든 휘하의 기자들을 공부시키기로 유명해진 다음에 어느 사석에서 누군가 "왜 그렇게 직원들을 못살게 구느냐?"고 농담을 던지자 아버지는 이렇게 말했다.

"나는 모르면서 아는 체 하는 사람, 특히 자기가 모른다는 사실 자체를 모르는 사람이 제일 싫다."

미국 연수

아버지는 1970년에 미국, 일본, 독일, 프랑스 등 언론계 및 산업계를 시찰한 적이 있었다. 아버지는 시찰하는 동안 단어만 몇 개 알아들을 수 있었고 통역 없이는 대화할 수 없다는 사실에 충격을 받았다.

'내가 우물 안 개구리였구나. 그동안 공부를 한다고 했는데, 내 영어 실력이 겨우 이것이란 말인가? 언젠가 본토에 가서 영어 공부를 해야겠다. 기초부터 충실히….'

아버지는 다음 날 중학교 1학년 교과부터 다시 영어 공부를 시작했다. 그로부터 1년 후, 미국행이라는 아버지의 작은 소망이 이루어졌다. 그 시절 자본주의의 대표 국가였던 미국의 경제가 어떻게 돌아가는지도 알아보고 영어 공부도 할 겸 해서 아버지는 1972년 5월 3일 LA행 비행기를 탔다.

아버지는 LA에 도착해서 문화적 충격을 받았다. 당당하고 쾌활해 보이는 사람들, 물질적으로 풍요로운 생활, 체계화되어 있는 시스템들, 한국과는 비교가 안 됐다. 아버지는 너무나 부러웠다.

'한국은 언제나 저렇게 살 수 있을까? 빨리 잘살아야 할 텐데…'

이런 생각을 하면서 잠시 향수에 젖어 내게 편지를 써 보냈다.

현희야, 잘 있느냐?

천리타행 객지에서 그것도 밤과 낮의 시차가 하루에 8시간이나 나는 딴 나라에서 혼자 지내는 것이 그리 편안하다고만 할 수 있을 것이냐? 그러나 잠시 동안이라도 틈을 내서 무엇인가 한 가지 목적을 달성해 보려는 뜻을 이루기 위해서는 조그마한 고생은 극복해 나가는 것이 인생의 의무일 뿐 아니라 그런 대로 보람이라고 할 수 있지 않은가 싶다. 사실 처음 여기에 올 때만 해도 억지로라도 시간을 내어 골프도 하고 관광도 하고 싶었지만 막상 여기에 도착해서 학원에 나가보니 각국에서 모여든 학생들의 치열한 경쟁을 실감하고 있다.

학원에서 숙제도 매일 꼼짝도 할 수 없을 만큼 산더미처럼 내어주고 있단다. 한국에서 생각했던 것과는 너무나 다를 만치 조직적이고 과학적인 수업 방법은 우리가 다시 배워야 할 중요한 일이 아닌가 새삼 느껴지고 있는 것이 사실이다. 한국에서도 갖고 있는 자와 못 갖고 있는 자와의 사이에는 무엇인가 다른 것이 있다는 것을 잘 알았지만 여기에 와서 보니 선진 국가와 후진 국가가 왜 갈라져 있는가를 절실히 새롭게 배우는 것만 같다. 시장에서의 유통 구조가 잘 되어 소비자들이 편리하게 이용할 수 있다는 점도 눈여겨보게 된다. 내가 너무 무리한다고 걱정하지 마라. 그렇다고 내 건강에 해가 안 되도록 하니 잘 있거라.

1972년 5월 22일
아버지가

　　비록 물리적으로 떨어져 있었지만 내가 정신적으로 방황하고 있을 때 아버지는 나에게 용기를 북돋아 주는 것을 잊지 않고 한 통의 편지를 보냈다.

오늘 너의 편지를 받고 많은 것을 생각했고 또 인생의 사는 것이 과연 무엇인가를 깊이 생각해 봤단다. 어느 누가 잘살지 않으려고 하는 사람이 있겠느냐만 세상은 불공평하게도 왜 모든 사람에게 똑같은 운명을 신은 내려주지 않으셨는가를 말이다.

당면한 스스로의 고통, 그랬기에 그에 못지않게 속여야 할 초조감이 과거의 네 친구 자신에게, 그리고 현재의 너에게 더욱더 큰 실망을 주었는지도 모르겠다.

오늘이 꼭 1개월째 되는 날이다. 제법 이곳 생활에 익숙해져 가고 그토록 어려웠던 숙제도 이젠 요령이 생겨서 별로 무거운 짐으로 생각하지 않게 되었다. 내가 하고 있는 현재의 일이 얼마나 성과를 거두고 있는지는 정말 측정하기 어렵지만 그래도 분명 뭔가 배우고 있는 것이 틀림없다고 생각하고 있다. 아무튼 나는 내 인생에서 꽤 보람 있는 나날을 보내고 있는 것이 틀림없는 것 같다.

인생은 항상 현실을 딛고 일어서는 것이고 이 일어선 자만이 승리자였음이 분명한 것이 아니었는가 싶다.

할 말은 많지만 이만 줄인다.

1972년 6월 3일

아버지가

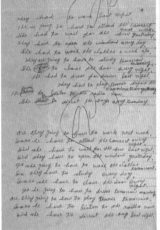
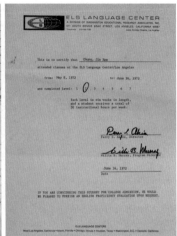

미국 연수 시절 산더미 같은 숙제를 열심히 해서 다음 단계로 나아갈 수 있다는 ELS 증명서를 받았다.

아버지의 미국 영어 연수 시절에 대해 장창용 기자는 이렇게 말했다.

　　1972년 5월 23일. 눈부신 태양이 석양의 잔영을 짙게 드리운 하오 8시 무렵. 나는 난생 처음으로 미지의 대륙 미국 땅을 밟았다. 출장 목적은 미국의 관광 산업 및 항공 산업 취재였다. 지친 몸을 이끌고 약간은 불안한 마음으로 출구를 나서니, 허름한 회색 점퍼 차림의 정 사주께서 출영객 틈에서 손짓을 보내고 있었다.

오랜만에 뵙는데 어지간히 고달팠는지 핼쑥한 모습이었다.

'객지에서 고생이 많으시네. 웬 공부는 하신다고 사서 저 고생이신가?'

정 사주는 영어 공부를 위해 한 달 전에 혈혈단신으로 건너와 계셨다. 내 주머니 속에서는 정 사주의 여비(아마 가지고 갔던 여비가 바닥이 났던 모양), 가방 보따리 속에는 사모님이 정성껏 만들어 주신 마른 오징어가 반 자루쯤 들어 있었다.

시내로 들어가 식사를 마치고 곧바로 그의 숙소로 가서 짐을 풀었다. 거처하는 아파트는 맥아더 공원 근처의 월세 40~50달러 수준의 허름한 집이었다.

아파트 세대 수가 전부 합쳐 30여 세대 정도의 2층짜리로 임시 가옥 같은 건물인데 가구당 넓이는 5~6평에 지나지 않았다. 방도 없고 거실 같은 공간 한 쪽에 주방기구가 달려 있고 화장실이 코너에 얄팍한 판자문으로 구분되어 있었다. 침대는 월 베드Wall bed 라 하여 잘 때는 뉘어놓고 낮에는 벽 쪽으로 세워놓는 구조였다.

아무리 절약정신이 몸에 배어 있다고 하지만 신문사 사장이라는 분이 이렇게 누추한 곳에서 지내다니…. 정말 자신을 위해서는 1달러도 헛되게 쓰지 않는 분이라는 생각에 그가 다시 보였다.

그날 밤 나는 정 사주님과 그 월 베드에서 한 이불을 덮고 잤다. 이웃 호텔에 가서 자겠다니 막무가내였다. 그는 내가 가지고

간 오징어를 맛있게 먹으면서, 그간 객지에서 한 고생을 아무렇지도 않다는 듯이 이야기했다. 또 회사에 대해 이것저것 물었다.

"영어는 많이 느셨습니까?"

"글쎄, 그리 쉽지 않은데…. 허허허."

이튿날 아침에는 내가 밥을 지었다. 냉장고를 열어보니 왜간장과 버터, 그리고 약간의 치즈가 전부였다. 평소 밥을 해서 간장에 비벼 드셨다고 한다. 그날 아침에도 예외 없이 버터와 간장을 넣고 비벼서 함께 들었다.

식사가 끝나자 정 사주는 영어학원에 간다고 먼저 나갔다. 버스를 타고 몇 블록을 가야 한다고 했다. 나는 양말과 속옷 등 밀려 있는 빨래를 해 놓고 나의 일을 보았다. 이렇게 나는 LA의 첫 날밤을 시작으로 연 3일을 정 사주와 한 이불에서 지냈다. 그러나 도저히 내가 불편해서 더 이상 견딜 수가 없어 나흘째 되는 날, 아파트 옆의 호텔로 짐을 옮겼다.

미국에 3주 머무는 동안 주말에는 정 사주와 함께 미국 서부 해안 고속도로를 따라 디즈니랜드와 샌프란시스코, 산타 바바라 등을 유람했다. 수백 명의 종업원을 거느린 언론사 사장이 훌훌 털어버리고 영어 공부에 몰두하는 것도 쉬운 일이 아니다.

지금도 당시를 생각하면 허름한 점퍼에 운동화를 신고 영어 교본을 겨드랑이에 끼고 버스 정류장을 향해 걸어가던 사장님의 모습. 디즈니랜드를 관광할 때 핫도그로 점심을 때우면서 "언제쯤 우리나라도 3차 산업 분야에 이 정도 투자를 할 수 있을까?" 하고 혼잣말처럼 중얼거리던 모습. 싸구려 셋방에서 오징어를 씹으면서 맛있어 하시던 모습이 생각난다.

-장창용, 《특근기자》

아버지의 격의 없고 검소한 생활에 머리가 숙여진다. 그 당시에는 너무 어렵기만 했던 아버지의 편지를 40년이 지난 지금 다시 읽어보니 마음에 와 닿는 것들이 많다. 세월이 나를 가르치는 것 같다. 아버지가 계시면 이렇게 묻고 싶다.

"아버지! 아무리 크고 험해도 넘어야 할 산은 넘어야겠죠?"

5장

매일경제는
나의 생명

사장인 나는 매일경제신문을 내 직장이라고 생각하지 않습니다.

매일경제신문을 내 생명으로 생각합니다.

누구든 매일경제신문을 생명이라 생각하는 사람이 있다면

지금이라도 내 자리를 내놓을 수 있습니다.

나는 신문을 더 키우겠다는 일념으로 내 생명을 바칠 수도 있습니다.

예술적 성장

창간 11년째 되는 1977년은 아버지와 매일경제신문 사원 모두에게 감회 깊은 한 해였다. 창간일인 3월 24일에 비좁고 먼지투성이였던 소공동 사옥에서 넓고 깨끗한 필동 신사옥으로 이사를 하게 된 것이다.

아버지는 감회가 새로웠다. 한편으로는 믿어지지 않았다. 그동안 힘들었던 일들이 주마등같이 머리를 스쳤다.

서울에 올라와 사흘을 굶주리며 고생했던 기억, 신문을 창간한다고 했을 때 미친 사람 취급을 당했던 일, 창간호가 까맣게 인쇄되어 한동안 얼굴을 들고 다니지 못했던 일, 월급을 제때 주지 못할까봐 노심초사했던 시절, 그리고 매일 신문이 나올 때까지 수정하고 교열하며 마음 졸였던 기억들이….

계획했던 것보다 1년 늦어지긴 했지만 드디어 꿈에 그리던

신사옥에 들어가다
(현재는 구사옥).

1977년 3월 24일 신사옥 편집국 사무실에서의 11주년 창간기념식.

현대식 사옥을 마련하게 된 그는 벅차오르는 감격을 누를 수 없었다. 자신을 믿고 열심히 일해준 사원들이 고마웠고 참고 견디어 준 가족들에게 감사했다.

그러나 아버지는 여전히 만족할 수 없었다. 아직도 할 일이 많았다. 아니, 이제부터 시작이었다. 창간 기념식에서 아버지는 이렇게 말했다.

"새 사옥을 계기로 경영에 내실을 거두고 성실하게 지성으로 일해야 합니다. 경제신문 중 어느 신문은 종합일간지라는 배경을 갖고 있고, 또 어느 신문은 사주가 현 정권의 실력자이며 또 다른 신문은 무역협회라는 거대한 조직이 매년 막대한 자금을 지원해 주고 있습니다. 그들은 한결같이 우리보다 유리한 처지에 있습니다. 때문에 나는 매일경제신문이 성장하고 발전할 수 있는 길은 무엇인지 주야로 생각하고 있습니다."

아버지는 독자들에게 '창간 11주년을 맞아 앞으로 다양한 정보를 제공하고 독자들의 요청과 시대적 변화에 부응하겠다'는 요지로 경영 공약을 발송했다.

1977년에는 매일경제신문이 본격적으로 국제무대에 진출하기 시작했다. 이미 일본의 동양경제와 공업신문, 대만의 중국시보와 특약관계를 맺고 있기는 했지만 이 해 11월 1일에 일

창간 11주년 신사옥으로 이사 온 후 아버지와 임원들이 자축하고 있다.

업무 제휴 후 일본경제신문 오노키 쥬조 사장 방한 시 공항 접견실에서 환담하는 아버지의 모습.

본경제신문과 업무 제휴 계약을 우여곡절 끝에 타결했다. 아버지가 영향력이 큰 일본경제신문과 제휴를 서두른 것은 매일경제신문의 국제화라는 목표와 더불어 또 다른 이유가 있었다.

10월 유신 이후 일본에서는 우리나라에 대한 여론이 점차 좌경화되어 가고 있었다. 정권에 대한 비판이 한국 전체에 대한 비판으로 이어졌다. 이를 바로잡기 위해 아버지는 뭔가 해야겠다는 생각을 갖고 있었다. 그는 일본경제신문과 업무 제휴가 이뤄지자 6면에 이르는 한국 특집 기사 게재를 제의했다. 이후엔 해마다 4/4분기 중에 8~12면에 이르는 한국 특집을 일본경제신문 부록으로 꾸며 넣게 했다.

1978년은 매일경제신문에 있어서 내외적으로 호재의 시기였다. 내부적으로는 경영에 도움이 되는 두 가지 요소가 있었다. 하나는 빌딩의 임대수입이었고 또 하나는 이자 등 경비지출의 감소였다. 외부적으로는 우리나라가 산업사회에 돌입하면서 대량소비 시대가 열렸다는 시대적 배경이 매일경제신문에는 기회가 됐다. 1인당 국민소득이 1,000달러를 눈앞에 두고 있었고 사람들도 경제에 대한 관심이 많아지게 되었다. 이러한 배경으로 매일경제신문의 부수도 꾸준히 늘었다.

이 시기에 아버지는 사원들에게 "올해를 기점으로 매일경제신문의 시대가 전개될 것이다. 우리 신문은 이제 나름대로 기반이 서 있고 컬러도 뚜렷하다. 어디서나 선택받을 수 있을 만큼 커졌다. 이 성장을 급속도로 지속시켜 예술적으로 만들어 가야 한다. 예술적인 성장이란 어떤 도전이 와도 이겨낼 자신이 있는 사세社勢를 의미한다"고 강조했다.

매일경제신문의 해를 맞아 아버지는 획기적인 발상을 했다. 과거를 청산하고 모든 것을 새로 시작하는 의미로 문책이나 징계를 받은 사원들에 대해 '전면 사면'을 실시한 것이다. 과거에 잘못을 저지른 기록도 모두 말소했다. "새로운 기분으로 새로 창간한다는 마음으로 일하자"면서.

플랫폼을 맴돌다

박동순 님이 주일 특파원으로 근무하던 1970년대의 이야기다. 도쿄의 호텔 로비에서 아버지를 만났는데, 두툼한 특허 공보집을 들고 있더란다.

"정 사장님도 참 엉뚱하십니다."

"내가 뭘?"

"이곳에 온 한국 사람들은 100이면 100 모두 백화점 쇼핑백을 들고 나타나는데 특허집이라뇨?"

"이 사람아, 이게 아이디어의 보고야. 허허허."

두 사람이 도쿄의 지하철을 타러 갔는데, 아버지는 플랫폼 언저리에서 발을 끌며 제자리를 맴돌았다.

"뭐하십니까?"

"이게 뭐지?"

"뭐가요?"

"이, 발밑에 울퉁불퉁 한 노란색 말일세."

"아, 이거요? 이건 시각장애인을 위해 만든 요철 보도블록입니다."

"요철 보도블록?"

"네. '이쯤에서 플랫폼이 끝나니 조심하라' 뭐 그런 의미죠."

"아하…."

아버지는 그의 말을 듣고 재빨리 수첩을 꺼내 메모했단다. "이런 건 빨리 우리나라에 도입해야 해"라면서. 우리나라에서는 당시 장애인에 대한 배려가 거의 없었다. 아버지는 장애인의 인권까지 생각한 일본의 선진 문화가 무척 부러웠다.

66 매일경제신문 초창기부터 돋보였던 독특한 지면 컬러는 따지고 보면 정 사장의 번뜩이는 아이디어와 각고의 정열이 합성된 것이었다.

종합지와 경제지를 통틀어 모든 경제기사가 지나치게 거시적 접근에만 안주하고 있을 때 취재 영역을 업계의 저변까지 확대해서 공업과 기술 분야까지 다룬 것. 중소기업. 소비자. 여성과 생활경제 등을 전략적으로 다룬 것 등은 대단한 착상이었다.

또 증권면을 대담하게 확대했는데, 매일경제가 증권면 확대를 시작한 지 몇 년이 지난 뒤에야 국내의 전 신문이 따라가게 됐다.

-박동순, 《특근기자》

증권 지면에 대해서는 매일경제신문이 선구적인 역할을 했다. 창업 초기에 남덕우 부총리가 아버지에게 이렇게 물은 적이 있다.

"정 사장, 매일경제신문을 보니까 증권 분야 편집에 많은 공을 쏟던데, 무슨 특별한 이유라도 있습니까?"

"자유경제체제 하에서는 자본시장의 역할이 중요하지 않습니까? 나는 기업가들이 좋아하고 투자가들이 좋아하는 신문을 만들려고 노력하고 있습니다."

남덕우 부총리는 그 대답이 매우 인상적이었다고 한다. "1960년대 신문들은 자본주의와 기업에 대해 그다지 친절하지 않았고 비판이 신문의 본령인 것처럼 생각하는 것이 지배적이었기 때문"이라는 것이다.

아버지 아이디어의 원천은 책이었다. 회사 집무실 책상이나 집에는 책이 겹겹이 쌓여 있었다. 국내외 단행본은 물론이고 외국 잡지, 연감, 회람 등등 다양한 문헌에서 아이디어를 얻었다. 외국에 나가면 언론 관계자들을 부지런히 만나면서 고견을 들었고, 국내에 돌아오면 경제·경영 관련 책을 읽으면서 다른 신문과 차별성을 갖는 신문, 색깔 있는 신문을 만들려고 골똘히 연구했다.

독서를 통해 얻은 아이디어는 사색을 통해 구체화됐고 소비자 보호 운동, 결산공고 유치, 라디오 방송을 통한 신문 PR, 이코노미스트상, 광고연구센터, 증권면 편집, 가뭄농촌양수기 보내기운동, 주간 매경 창간, 매경오픈골프대회 유치 등과 같은 다양한 결과로 나타났다.

또 사람을 대하는 데 있어서도, 아버지는 독특한 면이 있었다.

❝ 창업주가 새마을 교육을 다녀와서 담배를 끊고 내게도 금연을 권유해 뒤따라 끊은 지 사흘 되던 날이다. 담배를 참느라 좌불안석, 안절부절 못하는 날 보고 "왜 그러느냐"고 묻는다. 담배를 끊고 나니 괜스레 신경질이 나고 불안하다고 하니까 "당장 피우라"면서 불까지 붙여 주며 권해왔다.

"당신은 오래 살려고 끊고 날 보곤 다시 피우라는 말이냐"고 들이대니 하는 말이 "높은 사람이 신경질을 내면 부하 직원들은 어찌 되느냐"고 했다. 아랫사람들이 괴로워지고 일도 안 될 지경이라면 회사를 위해. 부하들을 위해 한 몸 희생하라는 거였다. "당신이나 나나 앞서가는 사람이 희생해야 한다"면서.

좀 부끄러운 얘기지만 또 한번은 이런 일이 있었다. 워낙 포커를 좋아해 실수를 하곤 했는데. 취재담당 부국장 시절. 밤샘 포커를 하다 다음날 저녁까지 이어지는 바람에 결근을 했던 일이 있었다. 마침 신년특집회의가 예정되어 있었기에 창업주에게 전화를 걸어 사과도 할 겸 저녁 약속을 했다. 그런데 창업주는 포커 게임 경과를 듣고 나더니 돈을 꺼내 놓으며 이렇게 말했다.

"당장 가서 승부를 내고 오시오. 지고 물러서기보다 끝까지 승부를 내야 할 게 아니오."

비록 포커 게임이었지만 "물러서지 말고 목표를 이루라"는 그의 교훈은 그 후 크고 작은 업무에서 나를 질책하는 경구가 됐다.

-나병하 전 매일경제신문 회장, 《특근기자》

1978년 5월 들어서는 전국적으로 가뭄이 극심해졌다. 그러던 어느 날 아버지는 저녁을 먹으며 TV 뉴스를 보다 표정이 굳어지더니 힘없이 수저를 내려놓았다. 뉴스엔 쩍쩍 갈라지고 말라비틀어진 논바닥을 바라보며 울부짖는 농부들의 모습이 비쳤다.

"전국 주요 하천과 저수지가 말라가고 있습니다. 특히 전라남도는 광주를 중심으로 900여 개 저수지가 바닥을 드러내 가뭄 피해가 확산되고 있습니다."

아버지는 농촌에서 나고 자라서 농민의 심정을 잘 알았다. 비가 오지 않으면 발을 동동 구르며 애태웠던 친척들의 얼굴이 떠올랐다. 아버지는 어떻게 하면 농민들을 도울 수 있을까를 궁리했다.

다음날 아침 아버지는 편집회의에서 "1면에 '양수기보내기 운동'을 시작한다는 내용의 사고를 내는 게 어떻겠느냐"라고 제안했다.

> 1968년 이래 최악의 가뭄이라고 합니다. 20일경으로 다가온 모내기를 앞두고 농민들의 가슴이 조여 옵니다. 눈물이라도 모아 두고 싶은 심정입니다. 한 방울 물소리에 귀가 번쩍 뜨이고 지붕을 넘나드는 바람소리에 잠을 설치기도 합니다. 물이 모자랍니다. 너무 모자랍니다. 아예 없는 곳도 있습니다. (중략) 강 상류에서 물을 끌어대고 싶어도 모자라는 것이 양수기와 송수 호스입니다. 양수기와 송수 호스를 보냅시다. 매일경제는 장비가 부족해서 물 끌어대기에 어려움을 겪고 있는 농민들을 돕고 심한 가뭄을 극복하기

위해 독지가들의 성원을 모아 보내기로 했습니다. (후략)

신문을 본 사람들은 연일 성금을 보내왔다. 정부에서는 국무회의 보고 사항으로 매일경제신문의 양수기보내기사업을 다루었고, 이를 전해들은 다른 언론사들도 뒤늦게 운동에 참여했다.

첫 결근

1978년 말, 매일경제신문의 도약을 향해 집념을 불태우던 아버지는 성모병원에서 담낭 제거 수술을 받았다. 밤새 열이 나고 앉지도 서지도 못하며 고통스러워하던 아버지는 다음 날 회사가 아닌 병원으로 직행했다. 병원에서는 급성담낭염으로 진단했고, 당장 수술을 하지 않으면 목숨이 위험하다고 했다. 담당의사는 "어떻게 이 지경이 되도록 참았느냐"며 아버지의 인내심에 혀를 내둘렀다.

창간 이후 단 하루도 결근하지 않았던 아버지가 회사에 나오지 않았다는 사실에 모든 직원들이 놀랐다. 사장이 쓸개가 녹아내릴 만큼 혼자서 마음 졸이고 애간장을 태우면서 매일경제신문을 이끌어 왔다는 사실에 사원들은 마음이 숙연해졌다.

아버지는 한때 사경을 헤매기도 했다. 그러나 당신의 의지와 어머니의 정성 어린 간호로 고비를 잘 넘겨 2주일 만에 퇴원을 했다. 아버지는 입원해 있는 동안에도 매일경제신문과 사원들 생각뿐이었다. 병원 구내에서 처음으로 자동판매기라는 것을 보는 순간 아버지가 생각했던 것은 이런 것이었다.

'매일경제신문에 자판기를 설치해서 싼값에 물품을 팔게 하자. 수익금은 사우회의 기금으로 쓰게 하고, 사원들 부담도 줄어드니 일석이조 아니겠나.'

아버지가 퇴원해서 제일 먼저 한 일은 회사에 자동판매기를 설치한 것이었다. 설치 이유를 들은 사원들은 "역시" 하며 아버지의 마음 씀씀이에 감동했다.

병마를 이겨낸 아버지는 1980년대를 준비하며 다시 의욕을 불태웠다. 1979년에는 전략적 경영의 제도화라는 캐치프레이즈를 내세웠다.

"광고국 직원이 광고 유치를 하기 위해, 편집국 기자가 세계적 특종기사를 내기 위해 돈을 쓰거나 술을 먹고 며칠 결근할 수도 있습니다. 이런 결근은 명예스런 결근입니다. 그러나 개인의 향락을 위한 결근은 불명예스러운 것입니다. 결근을 해도 전략적으로 하십시오."

그 외에 아버지는 사원들에게 '자발적 참여', '지속적 실천',

'협조적 사고'를 강조했다. 전략적 경영과 더불어 이 세 가지 사항이 잘 실행된다면 매일경제신문은 경쟁에서 절대 우위를 차지할 것이라고 확신했다.

1979년에는 적극적인 시장 개척의 일환으로 〈주간 매경〉이 탄생했다. 아버지가 주간지 탄생을 꿈꾼 것은 1976년 신문협회로부터 감면 압력을 받았을 때였다. 아버지의 증면 제안은 받아들여지지 않았고, 독자들에게 감면 조치에 대한 대책을 세우겠다고 약속한 상황이었다.

독자들에게 유익한 정보를 주고, 넘쳐나는 기사를 소화하기 위해서는 또 다른 매체의 발행이 절실했다. 아버지는 〈주간 매경〉의 성격에 대해 매일경제신문이 증면될 때까지 당분간 본지의 연장이 되어야 한다고 못 박고 창간호부터 전 독자들에게 한동안 무료로 배달했다. 매일경제신문 지면에서 다루지 못한 기사는 〈주간 매경〉을 통해 독자들에게 전달하겠다는 의도였다. 창간호에서 아버지는 이렇게 말했다.

"오늘 창간되는 〈주간 매경〉은 국민경제가 보다 윤택하게 발전할 수 있도록 폭넓은 자료를 제공하는 데 노력할 것입니다. 매일경제신문은 우리 경제의 문제점과 병폐를 직시하고 보다 많은 경제지식을 전달하기 위해 지면 증가를 희망해 왔으나 여건이 허락하지 않고 있습니다. 이런 점을 감안하여 〈주간 매

경〉은 각 면마다 특징을 살려 업계가 필요로 하는 정보와 지식
을 전달할 것입니다."

청빈한 생활

매일경제신문이 제자리를 잡고 어느 정도 여유가 생긴 뒤
에도, 아버지는 근검절약 정신으로 살았다. 1978년에 당신과
함께 호주의 수도 캔버라에서 열린 국제신문발행인대회에 참
석한 전 문화방송 사장 이환의 님의 회고다.

❝ 　캔버라에서 열린 회의가 끝나고 우리는 뉴질랜드 최대의 도시
인 오클랜드를 방문했다. 그곳엔 우리와 죽마고우처럼 지내던 이
춘성 씨가 대사로 근무하고 있었다. 우리는 이 대사와 함께 오클
랜드 시내 백화점에 들러 뉴질랜드 특산품인 양가죽으로 된 여자
용 조끼 하나씩을 사서 아내의 선물로 가져다주기로 했다.
　겉면은 가죽이고 속은 양 털이 박혀 있는 조끼는 미화로 100
달러가 조금 넘는 가격이었다.

1978년 3월 호주에서 얼린 세27차 IPI총회 참석, 한국 대표들과 기념촬영(좌측에서 8번째가 아버지).

    살까말까 하고 망설이며 여러 차례 조끼를 들었다 놓았다 하는 정 사장을 보고 "대 경제신문 사장이 100달러짜리 물건 하나를 사는 데 뭘 그리 망설이느냐. 쩨쩨하게" 하고 이 대사가 핀잔을 줬다.

    "그런 소리 하지 마. 100달러면 우리 사원들이 피땀 흘려 만든 신문 1,000부를 팔아도 그 값이 안 돼. 마누라 선물이니까 눈 딱 감고서 하나 사는 거지" 하며 쓴웃음을 짓던 정 사장의 얼굴이 아직도 내 눈에 선하다.

-이환의,《특근기자》

이환의 사장이 아버지에게 "나는 고용사장이고 당신은 오너니 남태평양을 돌며 더 놀다 가면 어떻소" 했을 때 아버지는 이렇게 대답했다고 한다.

"고용된 사장이 아니라 오너라 오히려 내가 먼저 들어가야 합니다. 다른 신문사 사장들은 다 들어오는데 우리 신문 사장만 늦게 들어온다. 이러면 사원들이 나를 어떻게 보겠습니까? 사원들은 열심히 일하는데 나만 해외로 놀러 다니면 되겠소."

아버지는 신문사 사장 체면에 지프는 너무 군색하다는 주위의 권고를 들은 체도 않고 청와대 신년 하례식 때도 1948년형 검은색 지프차 6858호를 타고 갔다. 유일한 지프였기에 남의 눈에 띄었지만 아버지는 "매일경제신문의 형편이 그만그만한데 겉치레가 무슨 소용 있느냐"며 폐차가 될 때까지 타고 다녔다.

아버지는 나에게도 학교 갈 때 차를 태워주지 않고 대중교통을 이용하게 했다. 아버지의 지론은 이렇다.

"시계가 없다가 있으면 편리하지만 있다가 없으면 불평불만이 생기게 마련이다. 네가 어떤 남편을 만날지 모르잖니? 차를 타고 다니다가 안 타고 다니는 남편을 만나면 불평불만이 생겨 불행해진다."

회사의 경영 사정이 좋아진 뒤에도 아버지는 출장 갈 때 꼭 비행기의 이코노미석을 고집했고, 특별한 경우를 제외하고는 2급 호텔에 투숙했다. 당신은 "사원들이 보이지 않는 곳이라고 해서 달리 행동할 수 없다"고 말씀했다.

서양담배를 피우는 것이 부의 상징으로 여겨졌고 외국에 다녀오면 담배 한 보루는 거의 필수품처럼 사가지고 다녔던 시절이었지만 아버지는 서양담배를 산 적이 없었다. 외국에 출장갈 때도 꼭 국산담배를 사가지고 갔다. 아버지는 혹시 외국에서 담배가 부족할까봐 몇 보루씩 여유 있게 가지고 다녔다. 이러다보니 귀국할 때 담배를 다시 가지고 돌아오는 경우가 많았다.

그때는 세관에서 여행자 한 명도 빠짐없이 가방을 열어 짐 조사를 했었다. 세관원은 아버지 가방 속에서 국산담배를 발견하고 의아해하면서 "이건 뭡니까?" 하고 묻곤 했다. 그러면 아버지는 "아! 내가 한국에서 국산담배를 사가지고 갔는데 남아서 다시 가지고 왔습니다"라고 하면서 세관원들에게 담배를 주곤 했다. 이러한 일이 몇 번 반복되면서 세관원들에게 소문이 났던 것 같다. "정 사장님 애국심은 알아줘야 한다"면서 아버지 짐은 형식적으로만 조사했다고 한다.

아버지가 스트레스를 푸는 유일한 방법은 담배를 피우는 것이 아니었나 싶다. 아버지는 하루에 세 갑씩 담배를 피웠다. 편집회의를 할 때도 담배를 피웠는데 얼마 전 어떤 기자에게 재미있는 말을 들었다.

"창업주께서 편집국 회의를 하시는 것을 녹음으로 들었는데 중간마다 '딱딱' 하는 소리가 나지 않겠어요? 궁금해서 그 소리가 무엇이냐고 물었더니 창업주께서 라이터 켜는 소리라고 하네요."

물론 집에서도 담배를 피워 재떨이에 담배꽁초가 수북했고, 담뱃재가 날려 아버지 옷을 구멍 나게 했을 뿐만 아니라 여기저기 담뱃재가 흩어져 있기도 했다. 그러던 아버지가 1977년 새마을 연수를 다녀온 후 담배를 딱 끊었다. 그전에는 담배를 안 피우면 무슨 일이 일어나는 것으로 생각했는데 연수 동안 담배를 끊어보니 담배 안 피워도 생활하는 데 아무 지장이 없더라는 것이었다.

아버지는 담배를 끊으면서 동시에 담배 값에 해당하는 금액을 저축하기 시작했다. 1년이 지나가 원금 36만 5,000원에 이자가 붙었다. 당신은 그때까지 따로 들었던 적금 1,000만 원을 보태 모두 사원 공제회 기금으로 출연했다.

주량은 청주 반 되 정도였는데 술을 한 잔 걸친 날이면 귀

가해서 '쑥대머리', '황성옛터', '희망의 나라로' 같은 노래를 부
르고 우리들을 모아놓고 노래를 해보라고 하면서 즐거워했다.

언론 통폐합의 고비

박정희 대통령 시해 사건과 12·12 사태 등으로 어수선한 1979년을 보내고 1980년이 밝았다. 이때는 정말이지 어느 누구도 한 치 앞을 내다 볼 수 없는 상황이었다. 3월이 되자 신문사 창밖에서는 학생들의 데모 소리가 울려 퍼지고 최루탄이 매캐하게 터졌다. 정부는 이런 사태를 위기라고 진단했고, 학생들과 일부 정치인들은 '서울의 봄'을 만끽하며 자유 민주주의 시대가 올 것이라고 말했다.

아버지는 이때 "그동안의 사회 현실을 돌아보면 이대로 가다간 공포의 1980년대가 될 것 같아 걱정이 앞선다"고 했다. 우려는 곧 현실이 됐다. 5월이 되자 공포는 남쪽에서부터 전해져 왔다. 신군부는 5월 17일 계엄령을 확대했고, 광주민주화운동이 터졌다. 1970년대 민주화운동을 하던 정치인들은 대거

구속되거나 연금 조치됐다.

아버지는 사원들에게 거듭 강조했다.

"매일경제신문의 1980년을 점치기 힘들다. 우리가 어떻게 적응해 나가느냐에 따라 매일경제신문의 사활이 좌우될 것이다. 나를 비롯한 전 사원들의 과제다. 올해를 어떤 해로 정할 것인가? 다른 사람은 우리를 도와주지 않는다. 방해했으면 했지 지켜주지 않는다. 결론은 하나다. 매일경제신문 사원들이 스스로 매일경제신문을 지킬 수밖에 없다."

아버지는 조직을 지속 가능하게 하기 위해서는 조직원들이 조직의 이념에 대해 공감해야 한다고 믿었다. 조직의 이념에 대한 공감이 없는 감상적인 애사심은 자기만족이고 욕심일 뿐 조직의 발전에 방해 요소가 된다는 것이다. 아버지는 "진정한 애사심이란 개개인이 자기 몸을 태워서 주변을 밝혀주는 촛불처럼 인내하고 헌신하는 것"이라고 강조했다.

그럼 감상적인 사랑, 잘못된 사랑이란 어떤 것인가? 아버지는 '은행나무 사랑' 이야기를 자주 했다.

매일 산보하는 길에 은행나무를 사랑했던 문학 교수가 있었다. 그 교수는 어느 날 은행나무 껍질이 벗겨진 것을 발견했다. 너무나 마음이 아파서 어떻게 하든 은행나무를 살려야 한다는 생각으로 껍질이 벗겨진 부위를 흙으로 바르고 새끼줄로 동여맸다.

그런데 이게 웬일인가? 잘살 것이라고 생각했던 은행나무가 시들시들 죽어가고 있는 것이 아닌가? 문학 교수는 깜짝 놀라서 식물학 교수에게 문의를 했다. 식물학 교수는 말했다.

"나무도 피부로 호흡을 하는데 숨을 못 쉬게 했으니 죽을 수밖에요."

문학 교수는 자신의 무지를 한탄하면서 새끼줄을 풀고 흙을 털어냈다. 그러자 은행나무는 다시 살아났다.

1980년에는 국제유가가 상승하면서 신문용지와 휘발유, 전기요금 등이 급격히 올랐다. 그러나 매일경제신문은 경영 상황이 호전되어 직원 급여를 평균 28%나 인상했고, 학자금 보조제를 도입했다. 아버지는 개인 자금으로 사우회를 재편성해 사원들의 복지후생을 튼튼히 하기도 했다.

11월에 들어서자, 아버지의 말대로 언론계에도 공포의 바람이 몰아치기 시작했다. 신문과 방송사 사장들이 계엄령에 따라 보안사령부에 한 사람씩 불려 나갔다. 이들은 경복궁 옆 보안사령부로 향했다. 권총을 찬 군인들이 지켜보는 가운데 두려움에 떨며 언론사 포기 각서를 써야 했다. 이른바 '언론 통폐합 조치'였다.

신군부는 통폐합 대상에 오른 신문과 방송의 사주들을 보안사, 혹은 지역 보안대로 불러 포기각서를 쓰도록 했다. 저항하는 이들은 권총으로 위협했다. 각서를 쓴 사주들 가운데는 동양방송TBC을 소유했던 고故 이병철 삼성그룹 회장도 있었다.

이 기간 동안 매일경제신문의 사주인 아버지도 잠을 이루지 못했다. 끊었던 담배를 연거푸 피우며 밤마다 괴로워했다. 1978년 12월에 성모병원에서 담낭 제거 수술을 받고 나서 이미 건강이 많이 악화되어 있었다. 한동안 요양을 권고한 의료진의 당부를 귀담아 들을 여유도 없었다.

매일경제신문이 아버지에게 어떤 의미인가? 전부라 해도 과언이 아니었다. 그런 매일경제신문이 자신의 의사와 상관없이 그 운명이 좌지우지될 상황에 놓였으니…. 아버지에게는 더할 나위 없이 괴로운 순간들이었을 것이다.

'매일경제신문이 없어지는 것인가? 잘못한 것도 없는데? 사원들이 문제지. 뭘 잘하고 잘못하고 따질 상황은 아니지 않은가? 만약 매일경제신문이 없어지면 사원들은 어떻게 되는 것인가? 혹, 매일경제신문이 다른 언론사에 합쳐지면 우리 사원들은 다 해고당하는 건가?'

아버지는 "내가 사장을 그만두고 사원들은 한 사람도 내보내지 않고 그냥 남을 수만 있다면 그렇게 하고 싶다"고 말하기도 했다.

이렇게 고민하고 걱정하는 사이에 몸이 하루가 다르게 쇠약해져 갔다. 몸무게가 줄고 안색도 나빠졌다. 그러나 쉴 수 없었다. 언론 통폐합의 결과를 기다려야 했고, 미래에 대한 계획도 세워야 했다. 당신의 증상이 예사롭지 않았지만 주위 사람들은 그저 통폐합 때문에 스트레스를 받아 일시적으로 그러려니 했다. 나 역시도 그랬다. 아니, 그렇게 믿고 싶었다.

1980년 11월 17일, '언론 통폐합 조치'가 발표됐다. 한국신문협회와 방송협회의 결의사항으로 발표되었지만 실은 신군부가 미리 조치해 놓은 것에 불과했다.

"전국 64개 언론사(신문 28개. 방송 29개. 통신 7개)는 신문 14개. 방송 3개. 통신 1개로 통합한다. 지방 언론사는 1도1사를 원칙으로 정비한다. 동양방송. 동아방송. 서해방송 등은 KBS에 흡수·통합된다. 4개 경제지 중 서울경제는 한국일보에 흡수·통합되며, 내외경제는 코리아헤럴드에 통합한다. 국제일보는 부산일보가 흡수한다."

지성이면 감천이라던가. 매일경제신문은 살아남게 되었다. 아버지는 가슴을 쓸어내렸다. 매일경제신문의 직원들도 안도의 한숨을 내쉬었다.

재도약과 그늘

아버지의 몸 상태와는 달리 매일경제신문은 재도약의 희망 속에서 1981년을 시작했다. 그 전 해에 있었던 언론 통폐합은 매일경제신문에게 새로운 기회가 됐다. 경제신문이 2개로 줄어들었기에 매일경제신문은 더 많은 사람들에게 선택받을 수 있었다. 통폐합 원칙 중 하나인 신문 증면 허용으로 사장 이하 모든 직원들이 바빠졌다. 아버지는 발 빠르게 1981년을 최대 도약의 해로 선언했다.

"여전히 장래가 불투명하다는 견해가 있지만 나는 우리가 일사분란하게 밀고 나가면 도약할 수 있다는 확고한 신념이 있습니다. 내가 말하는 일사분란이란 모두 똑같은 일을 하는 것이 아니라 각각의 개성을 살려서 조직적으로 일하는 것입니다.

올해 우리는 창사 이래 가장 크게 도약할 수 있습니다. 모두 공감해 주시길 바랍니다. 좀 더 열심히 토론하고 더 활발히 아이디어를 내 봅시다."

창간 초기의 분주함이 다시 살아나는 듯했다. 지면이 8면에서 12면으로 늘어나면서 더 많은 기사를 실을 수 있게 됐다. 이에 따라 지면 개편을 단행했고 새로운 기획을 연이어 선보였다. 전 세계 상품 시장을 현지 취재로 보도하는 기사를 시작으로 소비자 보호 운동, 중소기업육성캠페인, 노사협조운동, 저축절약운동을 벌였으며 매월 경제 단체들과 경제 토론을 열기도 했다.

증면을 하면서 신문 값은 오를 수밖에 없었다. 이전에는 한 부에 80원, 한 달 구독료가 1,500원이었으나 증면 이후에는 한 부에 120원, 구독료는 2,500원이 됐다. 신문 값이 오르자 2부 보던 곳에서 한 부를 줄이는 현상도 생겼기 때문에 더 많은 독자층을 확보해야 했다. 매일경제신문은 독자배가운동과 더불어 시설 확장에 온 힘을 쏟았다.

"1981년에 20억 원의 새로운 시설 투자를 계획하고 있습니다. 올해만을 위해서가 아닙니다. 5년 뒤에는 매일경제신문이

20주년이 됩니다. 그때를 내다보고 계획한 것입니다. 외국에 특파원도 보내야 하고 새로운 독자를 발굴해야 하고…. 이런 상황을 고려해 보면 우리 앞에 반드시 좋은 일만 있는 건 아닙니다. 이 점을 명심해 주시기 바랍니다."

다행히 매일경제신문의 판매 부수는 점점 늘어났고, 광고 사정도 늘어난 지면을 채우고 남을 만큼 호전되어 갔다. 새로운 언론 환경이라는 바다 위에서 매일경제신문호는 '최대의 도약'을 향해 순항하고 있었다.

그러나 아버지는 하루가 다르게 수척해갔다. "밥맛이 없다", "소화가 잘 안 된다", "등이 견디기 힘들게 아프다"는 말을 자주했다. 밥을 물에 말아 씹지도 않고 억지로 삼키기도 하면서 고통을 이겨보려고 애를 쓰기도 했다. 그럼에도 아버지의 건강은 호전되지 않았다. 오히려 악화되어 갔다. 의사를 비롯해서 주위 사람들은 당분간 요양만 하도록 권했지만 아버지는 완강히 거부했다.

"올해가 어떤 해인데…. 나는 한가롭게 지낼 틈이 없다."

마치 마지막을 장식하려는 사람처럼 업무에 더 몰두했다. 신문사 직원들 앞에서는 아픈 내색을 하지도 않았다. 불안해하는 사원들에게 "신념은 무적"이라면서 신념을 갖고 하면 의지가 더욱 굳어지고 힘이 솟구친다고 말하곤 했다. 이러한 아버지의 말에 안심한 우리 모두는 '아버지가 좀 쇠약해진 것 같다'고만 생각했다. 그가 남모를 고통과 싸우고 있다는 건 아무도 알지 못했다.

매일경제는 나의 생명

1981년 3월 24일 매일경제신문 창간 15주년 기념식에서 아버지는 이렇게 이야기했다.

"사장인 나는 매일경제신문을 내 직장이라고 생각하지 않습니다. 매일경제신문을 내 생명으로 생각합니다. 누구든 매일경제신문을 생명이라 생각하는 사람이 있다면 지금이라도 내 자리를 내놓을 수 있습니다. 나는 신문을 더 키우겠다는 일념으로 내 생명을 바칠 수도 있습니다."

유언이라도 하듯 이렇게 말하고 나서 숙원 사업이었던 《상품 대사전》의 발간을 마무리하기 위해 스스로 제1 영업 본부장에 취임했다. 당시 국내에는 상품에 대한 사전이 없었다. 1978

1981년 5월 30일 중소기업육성캠페인 토론회에서 기조연설을 하고 있는 아버지와 유기정 중소기업회장. 이 연설이 그의 마지막 공식행사 참석이었다. 그는 당시 아픈 몸임에도 불구하고 이 행사를 끝낸 다음 입원하겠다며 강행할 만큼 중소기업육성을 중시했다.

년부터 준비해 온 《상품 대사전》 발간을 더 늦기 전에 완수해야겠다는 심정으로 일에 몰두했다.

그러나 의지와는 달리 아버지의 오른손은 늘 등 쪽에 가 있었다. 그 쪽이 그렇게 아프다면서. 이전에 담낭을 떼어낸 곳에 통증이 있는 것이라고만 생각했다. 나중에 알고 보니 췌장이 있는 부분이었다.

아버지의 체력이 급격히 떨어져 가고 있었다. 그러나 "캠페인과 일본 방문을 마치면 입원하겠다"고 말하며 소화제만 드셨다. 5월에는 중소기업육성캠페인을 해야 했고 일본경제신문과 맺은 특약협의를 마무리 지어야 했기 때문이다.

이때 나는 출산하기 바로 직전이어서 친정에 와 있었다. 하루는 아버지가 이렇게 말했다.

"나 같은 환자가 있으면 너희 어머니가 네 산후 조리도 잘 해주지 못할 거고, 일본경제신문 방문 건도 있고 하니, 일본에나 다녀오련다."

"무리하지 마세요."

아버지는 나를 한참 동안 지긋이 바라보더니 입을 열었다.

"현희야, 내가 살면서 그동안 유혹이 참 많았단다. 그렇지만 낳아 있는 네가 참 중요했었지."

"…"

낳아 있는 내가 참 중요했다. 나는 이 말을 잊을 수 없다. 아버지는 회사가 어느 정도 자리 잡히고 여유가 생긴 다음에도 결코 흐트러진 모습을 보이지 않았다. 남들처럼 유흥에 시간을 낭비하지도 않았고 술도 마시지도 않았다. 골프도 아주 가끔, 꼭 필요한 접대를 위해 나갔고 여행도 업무를 위한 것만 했다. 그저 24시간 신문만 생각하고 일했다. 그의 지독한 열정과 성실이 매일경제신문을 발전시킨 힘이었다. 당신이 그럴 수 있었던 이유가 바로 나 때문이었다니. 그 분의 유일한 혈육인 딸자식 하나 때문이었다니.

아버지는 또 "너의 엄마한테도 고맙지만 표현을 다 못한 것이 미안하다"는 말도 했다. 그 해 봄에는 신문사 임원 한 분에게 혼잣말 하듯 이렇게 말했단다.

"제주도나 한 번 갔다 왔으면…."

당신이 돈이 없어서 제주도에 가지 못했겠는가? 한 사나흘 시간만 내면 훌쩍 떠날 수 있었을 것을. 그런 시간을 낼 마음의 여유가 없었던 것이다.

1981년 6월 중순에, 나는 첫아이를 낳았다. 외손자를 보는 기쁨도 잠시 아버지는 7월 1일에 서울대 병원에 입원했다.

"췌장암 말기입니다."

청천벽력 같은 선언이었다. 병원에서는 "더는 손을 쓸 수 없다"며 진통제를 주사할 뿐이었다. 어느 날 담당의사가 찾아와 아버지에게 "마지막 정리를 하십시오"라고 말했다. 아버지는 기가 막혔을 것이다. 매일경제신문이 최대로 도약할 수 있는 상황이었다. 고지가 바로 눈앞에 있는데 여기서 생을 마감해야 하다니…. 그런 가운데 사원들이 병문안을 오면 아버지는 꾸중을 했다.

"지금 이 시각이면 내일 신문 만드느라 머리를 써야 할 텐데, 여기에 오면 어떻게 하느냐? 어서 돌아가라. 나는 괜찮다."

그게 인사였다. 그들이 돌아간 뒤에 가족들에게는 "내가 이렇게 누워만 있으면 사원들 사기가 떨어지는데" 하며 말꼬리를 흐렸다. 당신은 병원에 누워서도 매일경제신문 생각뿐이었다. 결국 당신은 병상에서 마지막 이사회를 개최했다. 거기서 다음 사장을 지명하고 참석자들에게 "매일경제신문을 잘 부탁한다"는 당부를 했다.

7월 17일, 그날은 제헌절이라 휴일이었다. 아침 10시쯤 남편과 서울대 병원에 아버지 병문안을 갔다. 방에 들어서는 순간 약간 푸른 기가 돌고 있는 아버지의 얼굴을 보고 가슴이 철렁했다. 아버지는 괜찮다고 하지만 불안한 마음은 어쩔 수 없었다. 점심때가 되니 아버지는 우리에게 '밥 먹고 와라' 하고 말했다. 내가 '다녀오겠다'고 했고 아버지는 '잘 다녀오라'고 하며 손을 흔들었다. 그게 내가 들은 당신의 마지막 말씀이었다.

식사를 하고 돌아와 보니 아버지는 의식이 없었다. 갑자기 정신이 아득해졌다. 허망하고 허탈했다. 이게 아닌데, 이렇게 돌아가시면 안 되는데, 아직도 아버지에게 해 드릴 게 많은데, 내 바람과는 상관없이 아버지는 깊은 잠에 빠진 듯 고요하기만 했다.

의사들이 달려와서 응급조치를 했지만 아버지는 깨어나지 않았다. 주치의는 "아무래도 집에 모시고 가야 할 것 같다"고 말했다. 임종을 준비하라는 의미였다. 구급차로 아버지를 모시고 집에 돌아오는 시간이 아득하게 길었다. 그때의 구급차 소리를 아직도 잊을 수 없다. 그날 이후 몇 십 년이 지난 지금까지 나는 구급차 소리만 들으면 깜짝깜짝 놀라곤 했다.

집에 도착한 것이 오후 세 시. 그때부터 한 시간 뒤에 아버지는 숨을 놓으셨다. 그때는 모든 게 현실로 인식이 되지 않았다. 마음의 준비가 전혀 되어 있지 않았기 때문이다. 장례는 회사장으로 엄수되었다. 어떻게 장례를 치렀는지, 어떻게 양평 유택에 아버지를 모셨는지 잘 기억이 나지 않는다.

온갖 후회가 밀려들어 왔다. 건강하실 때 조금이라도 더 잘해 드릴 걸. 걸어 다닐 수 있으실 때 제주도라도 같이 다녀 올걸. 맛있는 음식이라도 한 번 더 해 드릴 걸…. 그런 생각만 하면 가슴이 먹먹해지면서 모든 생각이 정지해 버리곤 했다. 차라리 울고불고 난리를 피우며 뒹굴고 싶었다. 그런데 몸은 그저 차가운 돌처럼 말을 듣지 않았다. 마음속으로만 "아버지! 아버지!" 하며 수도 없이 불러댔다. 믿어지지 않았다. 당장이라도

국민훈장 모란장.

1982년 4월 6일 아버지께 추서된 국민훈장 모란장을 이광표 문광부 장관으로부터
어머니가 대신 받고 있다.

아버지가 벌떡 일어나 "현희야! 이건 모두 꿈이다!"라고 말할 것만 같았다.

　많은 분들이 아버지의 갑작스런 유고에 놀랐고 충격을 받았고 슬퍼했다. 장례에 참석한 사람들은 말했다. "그분은 저 세상에 가셔서도 '매일경제여 영원하라'고 되뇌고 계실 것"이라고.
　그 이듬해, 언론계를 발전시킨 아버지의 공로가 인정되어 아비지는 국민훈장 모란상을 받았다. 안타깝게도 아버지가 계시지 않은 자리에서 어머니가 대신 훈장을 받았다.

아버지에 대한 회한

　　아버지께서 돌아가시고 나서 지금껏 나는 마음 놓고 울어
본 적이 없었다. 아버지의 빈자리를 모두 내가 채워야 한다는
부담감이 나를 짓눌렀기 때문이다. 그런데 아버지에 대한 글을
쓰면서 많이 울었다. 아버지를 보고 싶은 그리움, 너무 일찍 가
셨다는 안타까움, 또 아버지의 심정을 헤아리지 못한 죄스러
움, 참 다양한 이유로 울었던 것 같다. 아버지는 매일경제신문
이라는 무거운 짐 때문에 당신의 개인적인 허망함, 억울함, 그
리고 회한을 한 번도 내비치지 않고 돌아가셨다. 그 사실이 너
무 마음 아팠다.

　　아버지께서 돌아가시고 한 달 만에 꿈을 꿨다. 당신은 이렇
게 말했다.

　　"난 네가 참 자랑스럽다. 앞으로 모든 일을 신중하게 하거

라. 잘 부탁한다. 잘 부탁해."

아버지는 내게 유언을 한마디도 하지 않고 돌아가셨다. 그래서 나는 꿈에서 하신 말씀이 아버지의 유언 같았다. '신중'이란 말이 살아가면서 내게 가장 필요한 것 같다는 예감에 나는 그날 이후로 모든 일에 신중을 기해야겠다고 다짐했다.

그리고 '잘 부탁한다'는 건 매일경제신문을 잘 부탁한다는 당부의 말씀인 것 같았다. 그 말씀을 내내 기억하고 있다가 남편이 매일경제신문의 대표가 된 이후에는 남편에게 잘하는 것이 회사를 위하는 길이라고 생각하며 살았다. 혹시 내 행동이 오해를 불러일으킬까봐 나는 남편의 그림자처럼 살려고 노력했다. 남편이 1986년 매일경제신문에 입사한 이후 10년 이상 회사 근처에는 얼씬도 하지 않았다. '신중하게'와 '잘 부탁한다'는 아버지의 말을 가슴에 새기면서.

아버지는 가장 존경하는 사람으로 성직자, 학자, 그리고 구멍가게의 주인을 꼽았다. 성직자는 모든 욕망을 참아야 하고, 학자는 놀고 싶은 충동을 인내해야 하며, 구멍가게 주인은 100원짜리 물건을 팔기 위해 귀찮은 생각을 억누르고 하루에 수백 번씩 일어나야 하기 때문이라는 것이다. 아버지는 종종 내게 이 이야기를 해 주었다. 그때는 그 이유를 잘 몰랐지만 지금 가만히 생각해 보면 인내 없이는 어떤 것도 이룰 수 없다고 내게 말하고 싶었던 것 같다.

아버지는 수행자적인 자질이 있는 분이었다. 금연을 하고
나서 당신은 이렇게 말한 적이 있다.

"금연이 힘들지 않았던 건 아니다. 불쑥불쑥 충동이 일곤
했다. 그러나 그때마다 그 충동을 가만히 주시했다. 끊는다고
했는데 왜 피우고 싶은가를 생각해 보곤 했다. 그 생각을 하다
보면 어느새 충동은 사라지고 일에 매달려 있게 된다."

아버지는 스스로를 관觀하신 것 같다. 아버지는 관을 통해
마음이 움직인다는 것을, 우리가 마음을 만든다는 것을 아셨던
것 같다.

10년 전 참선수행을 시작한 나는, '아버지는 완벽을 향해
절제하며 사셨지만 뭔가 2% 부족한 것이 있었다'고 생각했다.
그것이 뭔지 이제야 알 것 같다. 당신은 스스로 만든 '완벽'이
라는 틀 속에 사신 분이었다. 아버지가 수행해서 좀 더 자유로
울 수 있었다면 얼마나 좋았을까? '더 오래 살지 않았을까?' 하
는 안타까움만 남을 뿐이다.

유지를 이어받아

이 글을 쓰면서 마음 아팠던 또 다른 이유는 아버지가 구상하고 계획했던 일들을 당신이 다 하기에는 너무 시간이 부족했다는 것이다. 그렇지만 40년이라는 세월이 흐르면서 아버지의 유지가 매일경제신문·MBN 장대환 회장에 의해 퍼즐 맞추기를 하듯이 하나씩 하나씩 채워져 가고 있는 것이 신기하다.

아버지는 사원들이 늘 공부하기를 바랐다. 특히 "한국은 너무 좁다"면서 외국에 나가 공부도 하고 견문을 넓히길 원했기에 되도록 많은 사원들에게 해외 연수의 기회를 제공하고 싶어했다. 이러한 아버지의 유지가 계승되어 현재 매일경제신문에서는 사원들에게 외국 대학원에서 공부를 하도록 적극 장려하고 지원하고 있다.

아버지는 생전에 영어 공부를 하면서 "언젠가는 국제언론

인협회International Press Institute에서 영어로 연설하는 것이 꿈"이
라는 말을 하곤 했으나 그 뜻을 이루지 못했다. 장대환 회장이
IPI와 세계신문협회 WANWorld Association of Newspaper 총회, 아시
아 유럽 정상회의ASEM, 스위스 다보스 포럼, 아시아 신문 발행
인 대회, OECD 포럼 등에서 영어로 연설하는 모습을 보면서
나는 지하에서 웃고 계실 아버지의 얼굴을 떠올려 본다.

아버지는 창업 초기부터 "기업이 잘 되기 위해서는 국가 브
랜드가 중요하다"고 자주 언급했다. 한국을 제대로 알리기 위
해 1977년부터 일본경제신문에 정기적으로 특집 기사를 실을
정도였다. 아버지는 이때부터 세계 속의 한국을 꿈꾸지 않았나
싶다.

이러한 아버지의 철학에 걸맞게 장대환 회장은 1997년부터 '비전 코리아'라는 범국민 실천 운동을 벌이고 있다. '비전 코리아'는 바람직한 미래 건설을 위해 한국인들이 실천해야 하는 행동 프로그램을 마련하는 국가 경영 컨설팅 사업이다. 이를 위해 매일경제신문은 '21세기 선진국 건설'을 목표로 소득 2만 달러 시대를 넘어 3만 달러 시대를 열기 위한 국가 비전을 제시하는 일을 주도하면서 매년 '국민보고대회'를 열고 있다.

국제통화기금인 IMF 지원을 받기 전에 매일경제신문은 비전 코리아 1차 국민 보고인 '한국보고서'를 통해 수차례 외환위기를 경고하면서 "외환위기에 대한 조기 경보 체제가 필요하다"고 역설했다. 외환위기 당시 한국은 미로에 빠진 쥐와 같았다. 한국은 늘 어딘가로 열심히 달려가고 있었지만 그 끝이 어디인지 알지 못했다. 매일경제신문은 미로가 어떻게 생겼는지, 어떻게 하면 미로에서 빨리 빠져나갈 수 있는지를 찾아내려고 했다. 그 대안으로 '지식'이라는 키워드를 떠올렸고, 한국이 살아남을 수 있는 유일한 길은 오직 지식기반 사회가 되는 것이라고 확신하게 되었다.

이와 같은 연유로 2000년 장대환 회장에 의해 세계지식포럼World Knowledge Forum이 만들어졌다. 더 나아가 장대환 회장은 '세계지식포럼'을 발판으로 아시아를 하나로 묶기 위한 노력인

장대환 회장은 2000년대부터 세계지식포럼을 시작하여 우리나라는 물론이고 아시아까지 지식기반 사회로 이끄는 데 힘쓰고 있다.

정진기언론문화재단 이사장을 맡고 있는 어머니가 정진기언론문화상을 시상하고 있다.

'원 아시아'[1] 구축에 힘쓰고 있다. '세계지식포럼'이라는 지식의 나무는 우리나라 국민 모두가 공부하기를 바랐던 아버지의 공부 씨앗에 장대환 회장이 물을 주고 거름을 주면서 가꾸어낸 결과물이 아닌가 싶다.

아버지는 40년 전부터 정보화 시대를 준비했다. 1970년 3월 24일 '창간 4주년사'에서 "신문은 컴퓨터와 함께 정보화 시대에 주역을 담당하고 있다"고 했다. 이러한 뿌리를 바탕으로 매일경제신문은 미디어 그룹으로 확대·발전하였으며 신문, 방송, 인터넷, 주간시, 월간지, 도서출판 등을 하나로 묶어 1,100만 명의 오디언스 맞춤형 콘텐츠를 제공하는 '트랜스 미디어'를 실현하고 있다. 그리고 매경미디어그룹은 2010년 12월 31일 한국방송의 새 지평을 열어갈 종합편성채널 사업자로 선정되어 아시아 최고의 미디어 허브로 발돋움하려 하고 있다.[2]

장대환 회장은 매일경제신문을 이나마 꾸려나갈 수 있었던 에너지원이 아버지 때문이라고 한다. "창업주님이 살아 돌아오

---

1 세계의 중심축이 아시아로 이동되고 있다. 이러한 기회를 효율적으로 하기 위해서 '원 아시아'는 나라마다 다양한 특성을 통합하여 전체 아시아 발전에 이바지하려는 구상이다. 그리고 동시에 아시아 사람들이 시야를 넓혀 범세계적인 문제에 관심을 갖고 문제해결을 하는 데 역할을 해야 한다(장대환, 《원 아시아 모멘텀》, 매일경제신문사, 2011)

2 윤상환, "세계 3대 경제지로 우뚝 CEO들이 뽑은 명품 신문", MK뉴스, 2011년 3월 27일

시면 본인을 어떻게 평가하실까" 자문해보면서 자신을 반성하기도 하고 위로를 받기도 했다고 하면서….

한편 어머니 '정진기언론문화재단' 이서례 명예 이사장은 아버지가 타계한 후 아버지의 유지를 발전시키기 위해 '정진기언론문화상'을 제정하여 후학을 위해 힘쓰고 있다.

나는 어머니가 하던 이사장 자리를 물려받아 2015년부터 이사장을 맡고 있다. 본 재단에서는 2020년 38회까지 과학기술연구부문과 경제경영도서부문을 합쳐 총 158명의 수상자를 배출했다. 아직까지 이사장이라는 자리가 내게 어색하다. 손님을 맞이하는 의자에 앉을 때 어머니가 앉으셨던 자리는 항상 비워 놓는다. 아직도 아버지와 어머니의 자리라고 생각하면서….

아버지의 유지는 다만 유족들만 이어가는 것이 아니다. 매일경제신문을 처음 만든 창업주의 DNA는 어느새 매경미디어그룹 가족 전체의 몸속에 흐르는 것 같다. 40년 전에 운명을 달리한 아버지의 꿈과 희망이 매경미디어그룹 가족분들의 열정과 성심에 힘입어 오늘날까지 이어져 내려오는 것을 볼 때, 감사할 뿐이다.

6장

문제의식을
제시하는 기업

힘든 일이 있으면 아버지 산소를 찾아간다.

아버지의 말씀을 떠올리며 다시 잘해보겠다는 마음을 다지기도 하려고.

아버지 정신이 근간이 되고 우리 모두 한마음이 된다면 매경미디어그룹은 영원하지 않을까?

아버지의 염원처럼.

끊임없는 도전

매경미디어그룹은 그동안 앞만 보고 질주해 왔다. 특히 10년 동안은 크고 작은 일이 있었지만 시쳇말로 '잘나갔다'고 할 수 있다. 아버지가 하고 싶어 했던 일들이 장대환 회장에 의해 퍼즐 맞추기가 계속되면서….

1970년부터 정보화 사회를 준비했던 아버지는 막상 정보화 사회가 진행되고 있는 것을 보지 못했다. 사회가 컴퓨터에서 모바일로 이동될 것이라고는 상상조차 못했을 것이다. 카폰이라는 것이 겨우 1980년대 초에 나왔으니 말이다. 스마트시대에 걸맞게 모바일 유료 디지털 신문인 〈매경 e 신문〉이 2013년에 선을 보였다. 종이 신문을 가지고 다니지 않아도 언제 어디서나 볼 수 있는 e신문을 보고 아버지는 뭐라고 할까?

4.0 산업사회에서는 빅데이터가 더욱더 중요해질 것이라는 인식하에 2019년에는 한국데이터거래소KDX를 시작했다.

매일경제신문은 2016년 3월 24일 창간 50주년을 맞이했다. 보통은 이런 행사를 리셉션으로 하는 경우가 대부분이다. 우리도 20주년 때는 떡을 길게 해서 커팅식을 했었다. 그러나 50주년 기념행사는 '매경이여 영원하라'는 창업주의 염원을 되새기며 차분하게 하기로 했다. 국민보고대회를 통해 그동안 매일경제신문에 관심을 가져주었던 분들과 함께 매경미디어그룹이 스마트 미디어로 거듭난다는 미래의 청사진을 공유하는 것이 의미 있겠다는 생각에서였다. 그분들도 매경미디어그룹의 50년 발자취를 같이한 분들이기 때문이다.

그렇지만 개인적으로는 만감이 교차하는 순간이었다. 그동안 크고 작은 사건들을 잘 극복해서 여기까지 왔다는 감격, 아버지 대신 매경미디어그룹을 잘 이끌고 있는 장대환 회장에게의 감사함, 그리고 과거에 같이했던 그리고 현재 함께하는 매경미디어그룹 가족들의 노고에 대한 고마움, 그리고 또 아버지와 도란도란 감회를 나눌 수 없다는 아쉬움이 뒤엉켜 있는 시간이었다.

2020년 21회 세계지식포럼은 '한 번도 경험하지 못한 세상'에서 행해졌다. '팬데노믹스, 세계 공존의 새 패러다임'을 주제로 온오프라인이 결합된 하이브리드 방식으로 진행되었다. 1월 말부터 터진 코로나19 팬데믹 때문에 '세계지식포럼이 과연 개최될 수 있을까'가 큰 이슈거리였다. 또 사회적 거리두기 단계가 수시로 변하기 때문에 준비하는 입장에서는 긴장의 끈을 놓을 수 없었다. 단계마다 변화하는 상황에 맞게 대처해야 하는 초유연성이 요구되는 형편이었으니 말이다. 참석 인원 제한 때문에 나도 이번에는 참석하지 못했다. 온라인 서비스로 대신해야 했다. 온라인 서비스를 사용하니 우선 많은 사람들과 공유할 수 있어서 좋았다. 그리고 지나간 세션도 내가 원하는 시간에 볼 수 있고, 보고 싶은 세션은 다 볼 수 있다는 장점도 있었다. 그렇지만 후끈한 열기를 느낄 수 없다는 아쉬움이 남았다. 장대환 회장의 역발상으로 2015년부터 장충체육관에서 세계지식포럼을 개최했었는데 코로나19 팬데믹이 빨리 종식되어 2021년에는 후끈한 열기를 느낄 수 있었으면 좋겠다.

2013년에 〈Golf For WOMEN〉이 발간되었다. 골프 잡지가 발간되니, 아버지께서 돌아가시기 두 달 전인 1981년 5월 매경오픈 개최 때가 회상된다. '올해로 GS칼텍스 매경오픈이 시작된 지 40년이나 되었구나' 하고 생각하니 감회가 새롭다.

MBN이 2011년 12월 1일에 개국되었다. 첫 방송을 알리는 행사를 하기 위해 밤 11시쯤 관계자들이 로비를 꽉 메웠다. 로비에 희망찬 공기가 가득했다.

사실 뉴스채널로 MBN이 1994년에 시작되었으니 뉴스채널까지 합치면 2021년 올해로 27년이나 방송을 한 셈이다. 우리에게는 인재들이 많았다. 종합편성 TV가 한꺼번에 4곳이 개국되었기 때문에 인력이 턱없이 모자랐다. 3사는 MBN에서 일하고 있는 사람들을 모셔가기 바빴다. 거의 50~60명이나 스카우트해 갔다. 우리는 갑자기 턱없이 모자라는 인원으로 시작할 수밖에 없는 상황이 되어버렸다. 새로운 사람들을 뽑았지만 한꺼번에 많은 인원이 없어진 공백은 컸다.

이러한 이유로 처음 방송을 시작했을 때는 고전을 면치 못했다. 사내 분위기도 별로 안 좋았다. 끝까지 같이해 준 분들을 실망시킬 수 없었고 고마움도 표시하고 싶었다. 그렇지만 사내 모든 사람들을 만나는 것은 엄두가 안 났다. 우선 여성 기자들을 만나 보기로 했다. 20여 명의 여성 기자들이 약속 장소에 나왔다. 그들에게 긴장감과 서운함을 동시에 읽을 수 있었다. 내게 질문들을 쏟아냈다. 그동안 마음고생을 많이 했구나 하는 것을 느낄 수 있었다.

이런저런 어려움을 딛고 MBN이 출범된 지 1년 후부터 5년간은 연속 1위를 놓치지 않았다. 그 후는 엎치락뒤치락하면서 2위를 놓치지 않고 있다.

MBN이 종편 신청할 때 "조·중·동과 매경이 어떻게 경쟁하겠냐"고, "지금이라도 그만두는 것이 어떻겠냐"고 하는 애정 어린 걱정을 해준 분들도 꽤 있었다. 그런데 그들의 충고를 받아드려 신청을 포기했더라면 지금 어떻게 되었을까? 아직까지 아쉬움이 남지 않았을까? 과연 사람들이 우리가 잘했다고 했을까?

MBN이 개국된 후 1~2년은 부수적인 일들도 많았다. 2011년에는 'MBN Y Forum'을 시작했다. 신문사에서 하는 세계지식포럼이 있으니 MBN에서도 포럼을 해야 하지 않겠냐는 막연한 생각으로 시작해서 콘셉트가 명확하지 않았다. 장대환 회장이 젊은이들에게 장을 열어주는 포럼을 하는 것이 어떻겠냐는 아이디어를 냈다. 학생들에게 무료로…. 이 아이디어가 발전되어 2015년부터 10~30대가 직접 투표해서 10명의 영웅을 뽑는 영웅 쇼를 하게 되었다. 지금은 젊은이들이 애호하는 포럼으로 자리 잡아가고 있다. 진지하게 공부하는 젊은이들을 보면 우리나라의 미래가 보여 기분이 좋다.

2013년에는 'MBN 여자골프대회'가 제주도에서 개최되었다. MBN 여자골프대회는 스폰서가 여러 번 바뀌었지만, 2020년부터 대유위니아가 지원을 하고 있다. 2012년에는 MBN 여성 스포츠 대상을 제정하여 지금까지 시상하고 있다. 비인기 종목에 대한 관심을 높이고 여성 스포츠인들의 사기를 높이는 데 기여하고 있다.

　　삼송리 MBN 미디어시티 공사도 진행 중이며 올해 2021년에 완공될 예정이다. 삼송리 MBN 미디어시티가 완공되면 MBN 신사옥이 생긴다. 그러면 거기서 프로그램 제작을 할 수 있게 된다. 사내에서도 신사옥에 대한 기대가 크고 자부심을 갖는 것 같아 뿌듯하다.

　　2021년 3월 17일, 'Beyond Gravity'라는 주제로 매일경제 창간 55주년 기념행사를 했다. 세계 기류에 맞춰 우리나라도 우주여행의 꿈에 도전하는 시간을 가졌다는 점에서 의미가 있었다. VR을 통해 우주여행을 내 코앞에서 볼 수 있었고 마치 직접 우주여행을 하는 것처럼 느껴졌다. 지금은 우주여행이 비현실적이라 생각될 수도 있다. 하지만 콜럼버스가 신대륙을 발견했던 때를 상상해보면 꼭 비현실적이라고만 할 수는 없을 것 같다.

성장통

매경미디어그룹의 덩치가 상당히 커졌다. 명망도 제법 생겼고, 신뢰도 꽤 쌓였다. 이제 어디에다 내놓아도 명실상부 유수한 미디어 그룹으로 인정받고 있다. 그런데 위기는 잘하고 있다고 생각할 때 찾아오는 것 같다. 주위에서 태클이 들어온다. 견제도 많이 받고, 오해도 많이 받고…. 일종의 성장통이라고나 할까? 불교에서는 역행보살이라는 말이 있다. '나를 힘들게 해도 지혜의 눈으로 현상을 살펴보고 제대로 잘 판단한다면 더 성장할 수 있다는 것이다.' 이런 의미에서 볼 때 위기는 우리의 역행보살이 아닐까 싶다.

아버지는 야구의 원리를 자주 말했다. "투수는 타자가 공을 잘 못 치게 던지려고 한다. 그런데 타자가 그런 공을 잘 치게 되면 사람들은 타자에게 박수를 쳐 준다"는 이야기다. 우리는 지금까지 대부분 잘했다고 박수를 받아왔다. 이런 박수 속에 독이 있다는 것을 모르는 체 말이다.

미디어 산업 생태계의 패러다임이 완전히 바뀌어 버렸다. 중간매체 없이 직접 소통하는 그런 시대로 말이다. 이런 의미에서 종이신문과 TV방송은 이제 클래식이 되어버렸다. 사람들은 뉴스나 정보를 얻을 때 포털사이트를 이용하고 있다. 젊은이들은 검색할 때 유튜브를 본다. 더 나아가 페이스북, 트위터, 카카오톡, 인스타그램, 틱톡 같은 신매체들이 소통의 도구로 더 큰 호응을 얻고 있다.

이제는 손바닥만 한 핸드폰에 대형도서관, TV, 영화관, 은행을 다 휴대하고 다니는 시대가 되어 버렸다. 신 미디어 시대가 되어버렸다고나 할까?

매경미디어그룹도 이러한 변화에 적응하기 위해 최선을 다하고 있다. 그렇지만 어느 사이 플랫폼 제공자들이 우리 같은 콘텐츠 제공자들보다 훨씬 우위에 서 버렸다. 도전 받고 있다.

매경미디어그룹의 규모가 커지다 보니 관리하는 데 구멍이 생기기도 하고, 조직마다 문화가 다르다 보니 조직 간에 협조하기 어려운 부분도 있고, 조직마다 성장 속도가 다르다 보니 서로 다른 사정이 있기도 하다.

밀레니엄시대가 도래하면서부터는 어느 사회나 세대 간의 갈등이 큰 화두로 등장하고 있다. 역사적으로 볼 때 세대 간의 갈등이 없었던 적은 한 번도 없다. 그러나 이번 세대 간의 갈등은 차원이 다르다. 90년대생들이 2000년대생들을 이해하지 못하겠다고 할 정도니 말이다.

밀레니엄 시대에서는 비정상이라는 것이 없다. 다름만 있을 뿐이다. '나만의 규범'이나 '내가 좋아하는 집단의 규범'도 인정되는 '다양한 정상'의 시대가 온 것이다. 사람마다 조금씩 차이는 있겠지만 '나만의 규범'에 길들여진 밀레니얼들에게는 사회의 규범이나 조직의 규범에 맞춘다는 것이 버겁고 힘들 수 있다. 그리고 기성세대가 답답하게 느껴질 수도 있다.

반면 그 전에는 정상이라는 규범을 정해놓고 그것을 지키면 정상이고 아니면 비정상이었다. 모 아니면 도였다고나 할까? 그 시절에는 비정상으로 낙인찍힌다는 것은 곧 낙오자라는 딱지가 붙는 거랑 마찬가지였기 때문에 대부분 싫든 좋든 규범을 지키려고 애를 썼다. 그렇게 살아온 세대는 밀레니얼들의 규범에 익숙하지 않다. 그들을 어떻게 할 줄 몰라 당황할 때가 종종 있는 것 같다.

폴락 린지Pollak Lindsey는 조직 내에 다섯 세대가 존재한다고 한다. 생각이 다양하다는 뜻이다. 이렇게 다른 생각을 하는 사람들을 어떻게 조화롭게 할 것인가가 앞으로 큰 숙제일 것이다.

리만 브라더스 금융위기가 터졌을 때 흑조 이론Black Swan Theory이 유행했었다. 마치 원래 위기라는 것은 없는데 하늘에서 뚝 떨어진 것처럼 야단법석이었다. 그런데 위기는 항상 우리와 함께하고 있고 도처에 도사리고 있다. 위기가 뭐 특별한 것이라고 생각할 필요는 없는 것 같다. 아버지는 신년사 때마다 '위기'라는 말을 한 번도 안 한 적이 없었다. '위기는 우리가 넘어야 할 산일 뿐'이라는 메시지가 아니었을까?

아버지의 퍼즐

비 온 후에 땅이 굳는다는 말이 있다. 위기 후에 더 단단해 진다는 의미일 것이다. 그러나 위기는 봄비에 눈 녹듯이 그냥 사라지는 것은 아니다. 각고의 노력을 해야만 극복할 수 있는 것이다.

우선 우리가 잘하고 있다는 생각을 놓아야 할 것 같다. 그렇다고 자신감을 버리라는 뜻은 아니다. 단지 멈춰야만 보이는 것들이 있고 또 그래야 방향을 제대로 잡을 수 있기 때문이다.

스마트 시대에는 변하는 속도가 너무 빨라 선발주자가 유리하다고들 한다. 그런 경향이 있기는 하지만 네이버가 다음을 능가하고 또 카카오가 등장해서 서로 비슷한 업무를 하는 걸 보면 꼭 그런 것 같지는 않다. 아이디어만 있으면 선발이나 후발이 별로 중요하지 않은 것처럼 보인다.

어떤 조직이든 완벽한 조직은 없다. 내부 또는 외부에서 발생하는 문제들을 껴안고 있다. 그런데 문제들이 드러나지 않거나 인식되지 못하거나 할 때 더 큰 위기로 다가오는 것 같다. 호미로 막을 것을 가래로 막는 격이라고 할까? 이런 의미에서 문제를 인식해서 수면으로 떠오르게 하는 것이 급선무일 듯하다. 문제의식이 있어야 해결책도 찾을 수 있지 않은가? 안일주의가 만연해지면 발전할 수 없다고 한 아버지의 말씀이 기억난다. 아버지는 문제의식이 없는 것을 경계했다.

세대별로 다른 언어를 배워서 의미를 제대로 파악할 수만 있다면 다섯 세대가 공존하는 조직은 오히려 바람직할 수 있다. 요즈음은 다양한 성향의 사람들이 모인 조직을 바람직하다고들 한다. 그만큼 아이디어가 중요해졌다는 의미다. 그것도 톡톡 튀는 아이디어들 말이다. 과거에는 모든 조직원들이 하나가 되어 실수 없이 일사분란하게 움직이는 조직이 바람직하다고 생각했었고 튀는 것보다 묵묵히 따르는 것을 미덕으로 여겼는데 말이다.

이런 것들은 다 사람의 생각이 변해야 하는 것들이어서 말처럼 쉽지는 않다. 물질에만 관성이 있는 것이 아니라 생각에도 관성이 있기 때문이다. 오죽하면 1995년에 이건희 회장이

삼성이 변화하기 위해서는 '마누라와 자식'만 빼고 다 바꾸라고 했을까? 그리고 시중에 나간 핸드폰을 수거해서 사람들이 보는 앞에서 몽땅 태워버렸을까?

여러 가지 난관이 있기는 하지만 우리는 잘해낼 수 있을 것이라고 믿는다. 우리에게는 창업주가 물려준 남다른 기업정신이 있기 때문이다.

장대환 회장과 나는 힘든 일이 있으면 아버지 산소를 찾아간다. 물론 아버지는 항상 내 마음속에 있지만 그래도 간다. 아버지의 지혜를 얻기도 하고 하소연도 하고 싶어서…. 또 위기를 기회로 삼는 도전 정신, 모든 것이 마음먹기에 달렸다는 일체유심조, 쓰러져도 다시 일어나는 오뚝이 정신, 이런 아버지의 정신을 떠올리며 다시 잘해보겠다고 마음을 다지기도 하려고.

아버지가 창업한 지 55년이 지났다. 아버지의 퍼즐 맞추기는 계속되고 있다. 창업주가 꿈꾸던 매경의 미래는 어떤 모습일까를 상상하면서, 창업주의 큰 퍼즐이 하나씩 맞춰지기를 간절히 소망해 본다.

일체유심조

"아버지, 자서전을 한번 써 보시는 건 어때요?"

언젠가 아버지께 이런 말씀을 드린 적이 있었다. 내가 철이 들고 나서 보니, 아버지에게 본받을 점이 많았다. 당신의 훌륭한 정신이 사람들에게 알려지면 좋을 것 같아서 그렇게 말씀 드린 것이었다. 그때 아버지께서는 엉뚱하게 이렇게 대답했다.

"네가 써 주렴."

나는 피식 웃고 말았다. 글도 잘 쓰시는 분이 직접 쓰시지 왜 나보고 쓰라고 하실까 생각하면서. 그때는 아버지가 그렇게 빨리 돌아가실 줄 몰랐다.

나는 체질적으로 기록을 잘하는 사람이 아니다. 글을 써서 뭔가 남긴다는 것이 참 어색했다. 그러나 어찌어찌 하다 보니 내가 아버지에 대한 글을 쓸 수밖에 없는 상황이 되고 말았다. 그러면서 '아버지는 혹 이렇게 되리라고 미리 알고 있었던 건 아닐까' 하는 생각을 해 봤다.

이번에 아버지에 대한 글을 쓰면서 나는 아버지에 대한 새로운 사실을 많이 알게 됐다. 그전에 어렴풋이 알았던 것에 대해서는 확실하게 알게 됐다. 그것만으로도 가치 있는 작업이었다. 원고를 정리하면서 아버지를 생각하는 것만으로도 행복했다. 아버지는 내게 많은 것을 주었는데 내가 당신께 해 드린 것이 없어 그동안 미안하고 죄송스러웠다. 이번에 손톱만큼이나마 빚을 갚게 된 것 같아 기쁘다.

내 나름대로 아버지의 정신과 업적을 충실히 살리려고 했지만 혹시 잘못된 것이 있어 그분께, 또한 고인을 아는 친지나 동료 여러분께도 누가 될까 염려된다. 잘못된 부분이 있다면 언제든 알려 주시면 고맙겠다. 이 책에 허물이 있다면 그건 아버지의 잘못이 아니고 다 나의 부족함에서 비롯된 것이다.

고 정진기 님은 내게 아버지이자 사회의 선배로서 정신적으로 많은 영향을 주었다. 감사하고 또 감사한다.

《우리, 공부합시다》의 개정판을 내면서 아버지의 정신이 무엇인가를 다시 한번 리뷰하는 좋은 계기가 되었다. 아버지 정신의 핵심은 일체유심조가 아닐까 싶다. 아버지는 모든 것은 마음이 만들어 내는 것이라는 걸 믿은 분이었다.

검지 두 개를 마주 보게 하고 "붙는다, 붙는다" 하면 붙고 "안 붙는다, 안 붙는다" 하면 안 붙는다고 하면서 우리에게 직접 시범까지 보였다.

10년 전 아버지의 회고록을 썼을 때와 지금 개정판을 쓸 때와는 생각이 많이 바뀌게 된 나를 보게 된다. 일체유심조의 경험을 했다고나 할까?

아버지에 대한 두려움, 아버지의 목숨과 같은 회사인데 남편이 리더로서 역할을 하지 못하면 어떻게 하나 하는 초조함과 불안감이 많이 사라졌다. 아이들을 기필코 아버지의 정신으로 살게 해야만 한다는 강박관념도 많이 잦아들었다. 두려움, 초조함, 불안감, 그리고 강박관념들은 어디서 왔다 어디로 가는 걸까? 간 데도 온 데도 없다. 흔적을 찾을 수가 없다. 다 내 마음의 작용이었을 뿐….

그렇다고 내가 아버지의 정신을 잃었다는 것은 결코 아니다. 이율배반적으로 들릴지 모르지만 내가 어떻게 해야 하는가가 분명해졌다. 아버지의 정신을 머리로만 습득해서 형식적으로 하는 체만 하는, 혹은 아버지 정신이니 무조건 따라 하는 따라쟁이가 아니라, 체득해서 자연스럽게 묻어 나오도록 하는 것이야말로 진정으로 아버지 정신으로 사는 것이라는 사실을 알게 되었다.

우리 아버지가 결코 완전무결한 사람이라는 것은 아니다. 아버지는 때로는 실수도 하고, 때로는 실패도 하고, 또 때로는 화도 내던 분이다. 그렇지만 매 순간마다 더 이상 할 수 없을 만큼 최선을 다한 분이다. 그리고 아버지는 뼛속까지 따뜻한 분이었다. 한마디로 겉 교양보다 속 교양이 있었던 분이라고나 할까? 그래서 아버지가 더 귀하고 그립다. 그런 아버지의 향기가

천 리 아니 만 리까지 퍼질 수 있기를 바라며 글을 마무리하려
고 한다.

우리, 공부합시다

초판 1쇄	2011년 7월 17일
개정판 1쇄	2021년 7월 17일
개정판 3쇄	2021년 12월 30일

지은이	정현희
펴낸이	서정희
펴낸곳	매경출판㈜
책임편집	고원상
마케팅	강윤현 이진희 장하라
표지작품	아트놈
디자인	김보현

매경출판㈜

등록 2003년 4월 24일(No. 2-3759)

주소 (04557) 서울시 중구 충무로 2(필동1가) 매일경제 별관 2층 매경출판㈜

홈페이지 www.mkbook.co.kr

전화 02)2000-2632(기획편집) 02)2000-2636(마케팅) 02)2000-2606(구입 문의)

팩스 02)2000-2609 **이메일** publish@mk.co.kr

인쇄 · 제본 ㈜M-print 031)8071-0961

ISBN 979-11-6484-220-9(03320)